"互联网+"背景下
高校法语教学模式探究

杨 迪 ◎ 著

中国书籍出版社
China Book Press

图书在版编目（CIP）数据

"互联网+"背景下高校法语教学模式探究 / 杨迪著. -- 北京：中国书籍出版社，2023.12

ISBN 978-7-5068-9656-6

Ⅰ.①互… Ⅱ.①杨… Ⅲ.①法语—教学研究—高等学校 Ⅳ.① H329.3

中国国家版本馆 CIP 数据核字 (2023) 第 229014 号

"互联网+"背景下高校法语教学模式探究

杨 迪 著

图书策划	成晓春
责任编辑	吴化强
封面设计	张秋艳
责任印制	孙马飞 马 芝
出版发行	中国书籍出版社
地 址	北京市丰台区三路居路 97 号（邮编：100073）
电 话	（010）52257143（总编室）（010）52257140（发行部）
电子邮箱	eo@chinabp.com.cn
经 销	全国新华书店
印 刷	天津和萱印刷有限公司
开 本	710 毫米 × 1000 毫米 1/16
字 数	206 千字
印 张	11.5
版 次	2024 年 5 月第 1 版
印 次	2024 年 5 月第 1 次印刷
书 号	ISBN 978-7-5068-9656-6
定 价	68.00 元

版权所有　翻印必究

前　言

随着中国进入现代化建设的新阶段，必须对教育体制进行改革提升。教育要从过去的"追求成绩和统一""强调苦学和服从"转型为"追求质量和个性""强调幸福和尊严"，教育公平要从实现配置公平、机会公平向实现获得公平转型。在追求教育公平的过程中，我们需要改变思路，从以提供公平条件和机会为主转向以确保学生能够公平地受益为主。为了在教育中实现规模和质量的双赢，我们需要寻求新的思维方式。通过新一代信息技术，如互联网，可以将不同领域的知识融合到教育中，同时兼顾规模和个性化，满足传统教育需求。只有这样，我们才能解决重大的现实问题。"互联网＋教育"这种跨界融合方式会全面地影响教育主流业务，如课程、教学、学习、评价、教师发展等方面。

互联网＋教育的发展为法语教学提供了新的可能性。慕课、微课和移动网络等工具和平台，使得法语听、说、读、写等技能的学习更加灵活和方便。学生可以通过在线慕课和微课程自主学习，根据自己的学习进度和兴趣选择学习内容。同时，利用微信和移动网络的交流和互动功能，学生可以与教师和其他学生随时随地进行交流和讨论，提高学习效果。此外，这些新模式还弥补了传统课堂上的感情缺失，通过在线交流和合作，师生之间的联系更加紧密。学生可以更好地发挥自己的个性化学习需求和碎片化学习的特点，根据自己的时间和兴趣进行学习，提高学习效率和成果。

"互联网＋"时代要求法语老师掌握一种新型的教学方法，利用网络数字资源如慕课、微课、微信和移动网络等来进行教学。这种教学方法强调以学生为中心，将其置于学习过程的核心。学生由原本被动地接受课程转变为与课程一同协调和监督的合作伙伴。他们能够根据自己的学习需求和进度，选择网络资源进行学习。通过与老师和其他学生的互动和合作，他们能够更加积极地思考和参与学习，成为自己学习过程的主动者。教师的角色也发生了变化，他们不再仅仅执行课程，而是成为课程的策划者和创作者。通过利用网络数字资源，教师可以自主设计和制作教学内容，为学生提供更加丰富、多样化的学习资源。同时，教师也不再只是教导学生，而是与学生一同学习，与他们共同探索和发现知识。教师还能通过网络工具如微信等与学生进行互动和交流，从传授知识变成与学生互相交流。同时，教师也能成为学生发挥才华和创造力的引导者，帮助他们发展自己的独特才能。

在内容上，本书共分为六个章节，第一章为互联网+教育概述，依次介绍了互联网+教育的起源与发展、互联网+教育的概念，以及互联网+教育的作用；第二章为外语教学原理探究，分别阐述了认知心理学原理、二语习得理论、结构主义语言学、交际功能理论、元认知学习理论；第三章为高校法语教学法，主要为任务型教学法、探究式教学法、体验式教学法、情景再现式教学法；第四章为互联网+背景下高校法语教学模式创新，主要分为微课教学模式的构建与实践、翻转课堂教学模式的构建与实践、多模态教学模式的构建与实践三部分；第五章为互联网+背景下法语教学实施，对互联网+背景下法语基础知识、技能教学，互联网+背景下法语课程的整合，互联网+背景下教学资源的优化，互联网+背景下教学路径的重塑，互联网+背景下教师能力的发展作出阐述；第六章为互联网+背景下的案例分析——L2法语学习，依次论述了L2法语的学习主体、L2法语学习动机与能力、L2法语学习过程与策略、L2法语教学案例分析四个部分。

在撰写本书的过程中，作者参考了大量的学术文献，得到了许多专家学者的帮助，在此表示真诚感谢。本书撰写力争内容系统全面，论述条理清晰、深入浅出，但由于作者水平有限，书中难免有疏漏之处，希望广大同行及时指正。

杨迪

2023 年 7 月

目　录

第一章　互联网+教育概述 1
　第一节　互联网+教育的起源与发展 1
　第二节　互联网+教育的概念 14
　第三节　互联网+教育的作用 20

第二章　外语教学原理探究 24
　第一节　认知心理学原理 24
　第二节　二语习得理论 30
　第三节　结构主义语言学 34
　第四节　交际功能理论 41
　第五节　元认知学习理论 48

第三章　高校法语教学法 55
　第一节　任务型教学法 55
　第二节　探究式教学法 61
　第三节　体验式教学法 68
　第四节　情景再现式教学法 74

第四章　互联网+背景下高校法语教学模式创新 82
　第一节　微课教学模式的构建与实践 82

第二节　翻转课堂教学模式的构建与实践 92
　　第三节　多模态教学模式的构建与实践 104

第五章　互联网＋背景下法语教学实施 110
　　第一节　互联网＋背景下法语基础知识、技能教学 110
　　第二节　互联网＋背景下法语课程的整合 120
　　第三节　互联网＋背景下教学资源的优化 129
　　第四节　互联网＋背景下教学路径的重塑 134
　　第五节　互联网＋背景下教师能力的发展 140

第六章　互联网＋背景下的案例分析——L2法语学习 150
　　第一节　L2法语的学习主体 150
　　第二节　L2法语学习动机与能力 154
　　第三节　L2法语学习过程与策略 162
　　第四节　L2法语教学案例分析 169

参考文献 176

第一章　互联网+教育概述

本章主题为互联网+教育概述，依次介绍了互联网+教育的起源与发展、互联网+教育的概念，以及互联网+教育的作用，带领读者对互联网+教育有一个基本的了解。

第一节　互联网+教育的起源与发展

一、互联网+教育的起源

在科学领域中，人们经常需要探寻事物或事件的起始因由。对于历史研究而言，确定人类的起源是必要的；而在教育研究中，起源问题通常涉及课程、学校和教师的起源。因此，起源问题的重要性不可忽视，它既关涉到历史，也关涉到逻辑。人们需要通过研究和分析来了解事物或事件的起源，以便更好地理解其演变和发展。起源问题不仅仅是一个历史问题，也是一个理论问题，两者是相辅相成的。

何谓起源？起源是指原初形态还是指发生的动力？在汉语世界里，起源是指开始发生或事物发生的根源。在英语世界里，起源用 beginning、origin、source 等词表示。其中，beginning 指开始、起点；origin 表示 astarting point；source 表示 a place from which something comes or producing place or force。它们有一个共同的意思就是指事物发生的时间和地点。起源是指原初形态，因此互联网+教育的起源是指互联网+教育的原初形态。

如何研究起源问题？有学者指出，"需要"是人为维持自身延续与发展而产生的对外界事物的各种要求，它是任何事物产生的前提和动力。用马克思的话说，需要构成"生产观念之内在动机"。"需要"即发展的内因，在事物的发展过程中，内因起决定作用，内因是发展的根本动力。研究互联网+教育的原初形态当然也离不开对原初形态发生动力的研究。

（一）互联网+教育发生的动力

1. 互联网+教育发生的根本动力

因特网的强大交互功能是推动互联网+教育发展的根本动力之一。因特网在教育中得到广泛应用，具备多种多样的功能。它的本质特点是虚拟的，并覆盖了全球范围。这个信息网络具有鲜明的交互性和强大的交互功能，信息网络不仅可以实现文字、图片、影像、动画和声音等形式的交互，还可以实现从书面语言到口头语言的交互。从交流方式的角度来看，信息网络可以实现非实时交互和实时交互，包括一对一的交互和多对多的交互。这种多样性和灵活性使得人们能够以多种方式进行交流和互动，在学习、工作和社交等领域都具有重要的应用。此外，信息网络还为人们提供了全球范围的交流平台，使得不同地区和文化的人们能够进行跨越时空的交互和合作，促使人类有史以来各种交流方式在信息网络中得以呈现和融合。正是因特网的虚拟属性和流动性，让因特网成为一个互动的平台，为人们提供了全新的交流和互动方式。因特网通过虚拟技术创造了一个独立于现实世界的互动空间。这个空间不受时间和地点的限制，人们可以在虚拟世界中进行交流和互动。因特网提供了各种工具和平台，让人们可以通过文字、图像、声音和视频等多种形式来互动。因为因特网的虚拟化属性，故互动变得更加自由和开放。参与者在互动过程中拥有掌控言辞的能力，可以选择自己的表达方式和观点。与书信、电话、书籍等媒介不同的是，因特网上的信息发送出去，就无法再对原本的信息进行修改。另外，这种互动方式能够有效地克服时间、空间和形式方面的限制，使得参与者能够跨越个人身份、性别、种族、年龄、职业或身体状态等潜在的障碍，享受更加开放和包容的互动体验。网络文本的独特之处在于消除社会中对外貌、性别等身体因素的偏见，促进了更加公正的社交互动。这种公平并不受技术主义的影响。在线学习者指出，通过文本交互，人们不会受到外在社会地位或外貌的影响，因此消除了公平参与的重大障碍。此外，这种互动方式不仅缩短了书信、电话和书籍等通信工具的交流时间，还可以节省电话费用，拓宽口头交流的范围，同时增加其他通讯媒介所不具备或难以实现的互动内容。虽然面对面的教育可以通过小组互动等方式与学生进行互动交流，但与互联网＋教育相比，面对面教育在时间、地点、内容和对象的选择等方面存在瑕疵。特别是对于那些在面对面交流方面不太擅长、不愿发表言论或参与讨论的学生而言，在线交互提供了更多的机会。在传统的面对面教室中，只有一个人可以说话或发表意见，导致其他学生难以表达自己的想法。然而，在学习网络和互联网中，学生可以随时查看和参与他人的想法和讨论，而不会受到时间和空间的限制。这使得学生能够更充分地接触到不同的观点和思想，从而激发和形成自己的想法。此外，学习网络和互联网还为学生提供了一个相对匿名的环境，使得他们可以更自由地表达自己的想法，无论是学术观点还是个人见解。学生不必担心自己的声音会被他人评判或打断，也无需担心在实时交流中的紧张感。这种自由的环境有助于学生更自信地表达自己的观点，培养独立思考和批判性思维的能力。

2. 互联网＋教育诞生的一般原因

（1）追求教育平等的结果

网络为推进平等社会提供了一个有力的平台，其技术特点有助于民主化进程，并促进学习者之间以及学习者与教师之间的互动。网络为人类追求平等提供了一种途径。学习是人类天生的需要。教育的不公平是由多种因素产生的，一直是人们关注的难题。随着计算机网络和因特网的兴盛，人们开始预见到教育平等的前途。其一，网络上有许多可供学习和教育使用的资源，其中包括文字、数字、图片、影像、声音、色彩等多种形式，以及各个领域的专业和学术资料，如自然科学、人文社科和技术网络等。其二，这些教育资源是对任何人都可获得的。只要有一台能够连接到网络的电脑，任何人都可以独立地使用或与他人分享互联网上的教育资源，而不必担心其他条件限制。学生可以充分利用网络技术所提供的资源和服务，从而获得与学者同样的机会。这激发了教育工作者的热情，让他们认识到教育领域有着广泛且充满潜力的利益。其三，利用这些教育资源可以迅速广泛地实现效益。其四，通过互联网＋教育资源，学生可以在任何时间、任何地点和使用任何设备进行学习。网络教育可以将教育资源广泛传播，克服时间和地域的限制，打破学科的界限，随时随地提供全方位的学习内容。其五，互联网＋教育满足了人们追求教育自主的愿望。自由一直是人类奋斗的目标和追求的梦想。然而，研究显示，教育的发展过程实际上是教育管理的演进过程。即便如此，网络的特性包括开放性和资源共享性等，为人类摆脱受控制的教育形式提供了可能性。传统的授课方式强调教师与学生之间的直接交流，然而随着网络教学的普及，这种模式已经不再适用。学生只有在教师展现了充分的专业知识和相关学科知识，并提供了针对性的指导建议后，才会对教师产生尊重。通过电子环境，学生可以更方便地向教师提出问题和表达对观点的质疑，并且如果允许学生使用匿名或化名进行评价，这可能会加深教师的挑战。在线教学给教学者带来了一个挑战，即他们需要应对控制力降低的情况，这和面对面教学的情况恰好相反。当然，网络环境的存在并非完全排除了控制，而是通过一定的控制，保证了少数人的控制权，而不会剥夺其他人参与和表达意见的权利和能力。因此，互联网＋教育一直秉承着自由和平等的理念，不断推进发展。

（2）高等教育的价值体现

ARPANet的开发者们认识到，他们的网络不仅仅适用于研究领域，还可以发挥共享资源和交流信息等方面的作用。此外，他们意识到加强操作员之间的沟通交流有助于促进这些应用的落实。因此，高等学府和高等教育机构便开始了研发和利用计算机网络进行交流、数据处理和信息共享的尝试。最初ARPANet的四个站点都建在大学和研究机构的内部。从20世纪70年代开始，高等院校和科研机构开始探索利用计算机网络，使身处不同地方的学者可以共享一台主机的主框架（Mainframe）。20世纪80年代末和90年代初，出现了两种新的技术，促进了网络在学术领域的迅速推广。一个是个人电脑价格更为实惠，因此学生和教师能够更容易地购买并使用电脑；另一个是通过免费接入全球学术机构之间的网络（如Bitnet、JANET和互联网），提供了一个虚拟的、免费的交互平台，使得全球的学生和教师可以相互交流。因而，作为网络研究和应用的先锋，高等学府和高等教育科研机构成为互联网＋教育的策划者和试验者。互联网起源于大学，并且在全球电子传播的发展和扩散中扮演了至关重要的角色。在美国的大学中，从20世纪90年代初开始流行的电脑介质通讯（CMC，Computer Mediated Communication）主要是在研究生和教师之间进行。类似的局面在未来几年中将在全球其他地区出现。在20世纪90年代中期，西班牙最早的互联网使用者（Internetters）主要集中在马德里和巴塞罗那周边的几所大学，它们都建立了自己的计算机网络。20世纪80年代末，俄罗斯的科学院和大学研究者形成了一个半合法草根运动，开始通过电脑中介进行交流和沟通。这个故事看起来跟其他故事差不多。高等教育机构除了具备先进的仪器和设备，还肩负着为国家科学技术进步作出贡献的重要使命。它还具有历史责任，也就是满足年轻人进行大学教育和职业培训的需求。除此之外，大学还是最早接触和传播最新思想、最新发现和最新知识的机构。以大学为基础的传播模式重要性在于其潜力巨大，可以培养和传授电脑媒介沟通（CMC）的技能和习惯。实际上，大学的作用是传播社会创新，这与人们通常认为的"象牙塔"隔离与孤立的形象恰恰相反。因为每一代年轻人都会在大学里学习、交流、思考和行动，他们也会逐渐适应并接受新的思维、管理、行为和交流方式。另外，通常情况下，高等教育机构相对于中小学会更容易从国家得到更多资金支持，这意味着它们的计算机和计算机网络设备更具备先进性和优越性。因此，高等教育机构把握了机遇，将互联网+教育推到了历史的前沿。

（3）美国对先河的开创

由于当时美国的教育状况不尽如人意，因此美国率先将互联网与教育相融合，以期改善教育现状。20世纪60年代和70年代，随着战后人口高峰的到来，美国的高等教育面临着越来越大的压力。教育成本快速上涨，经济问题成为高等教育的重中之重。教育需求没有得到满足的主要原因在于两方面：一个是校舍和基础设施不足，另一个是教师短缺，当时的教师很难在处理琐碎的教学和研究任务的同时，还有时间与学生进行有意义的交流。即便是这样，全国范围内的教育需求依旧持续上升，因而政府对于人才的迫切需求也日益加剧。此外，随着工作技能不断更新，人们越来越强烈地感到需要终身学习。20世纪80年代末和90年代初期，这种情况还一直存在，直到90年代中期，全球人们才能利用万维网（World Wide Web）和多媒体浏览器（Multimedia Browsers）等技术广泛地进行交流。这种转变对高等教育机构产生了深远影响。在美国，高等教育一向重视为学生频繁安排实践任务。然而直到20世纪90年代中期，仍然没有想出一种能够在不增加实验成本的前提下，避免削减讲座和课堂讨论的开支，并被广泛接受。恰逢其时，因特网具备高度互动性，为这一问题提供了完美的解决方案。随着互联网的诞生，美国高等教育机构很快普及了这项新技术。这表明美国开创了人类教育发展的新时代。

互联网+教育不仅仅是技术驱动的结果，还是由多个因素综合作用形成的。

学术界的重大变革不是仅仅依靠一门网络技术所能实现的。互联网＋教育是多个方面力量综合作用的产物，包括技术、文化、政治、经济以及教育等。

（二）互联网＋教育起源于虚拟课堂

国外研究人员表示，计算机会议系统为在线教育提供了催生和成长的机会。计算机会议是一种由穆雷·图罗夫（Murray Turoff）于1970年提出并广泛运用的工具，用于让分散的人们之间进行交流。图罗夫设计了计算机会议环境，旨在借助计算机来打造一个能够集思广益的互动交流平台，从而达成信息共享和高效问题解决的目的。商业性使用已经成为计算机会议的常态，从政府部门的应用开始，随后逐步被公司和科学界所采纳，直至20世纪80年代末逐渐进入教育圈。一些学者声称，互联网＋教育最初的灵感来自1988年美国启动的"明星学校"计划。

经过仔细比较和分析大量文献资料后，可以得出一个结论：互联网＋教育并非源自计算机会议系统或"明星学校"计划，而是最初起源于虚拟课堂。何谓虚拟课堂？希尔茨发明的虚拟课堂（The Virtual Classroom BR）是一个通过计算机进行的加强学习和交流系统，旨在提高学习效果和交流体验。学生们可以利用电脑和软件，在虚拟课堂里与教授和同学进行沟通，以此分享自己的想法、问题和答案。通过使用这款计算机和软件，学生们能够方便地发布信息、接收信息并进行互动。这种互动不仅限于与教授交流，还包括与同学之间的互动。人们可以通过在线课程在电脑上随时随地学习，无需前往特定的地点。

在1985年至1987年期间，新泽西技术学院（The New Jersey Institute of Technology，简称NJIT）在Annenberg/CPB计划的支持下，开展了一项初步实践，建立了虚拟课堂原型。该原型为学生提供了多种在线课程的参与机会，包括完全或部分在线的课程。通过EIES（Electronies Information Exchange System），学生和教授可以使用自己的个人电脑进行一对一的交流。该系统采用了一种特殊软件并运行在中央计算机上，旨在为教育行业提供支持。只有在Perkin-Elmer公司生产的NJIT计算机上，才能运行EIES通信系统。某些版本的虚拟课堂采用了TEIES（r）系统作为运行平台。运行该系统需要采用UNIX环境，并通过EIES2平台建立在IBM主机上。除此之外，该系统还提供租赁服务，让其他教育机构也能够使用该系统。虚拟课堂计划包括软件的革新———套称为Branch Activities的结构，它能够被附着在一堂课的会议上，以支持特殊类型的作业或与整个课有关的活动材料传送；一套有助于教学者管理作业和对每个学生的测验划分等级的教学支持工具；为整合图表信息和文字信息的基于计算机的软件。

之所以说虚拟课堂是互联网+教育的雏形，是因为：第一，它满足了教育的核心需求，通过有意识、有计划、有条理的教学活动来促进学习者的知识和技能提升；第二，因特网已经被用于虚拟教室实现在线教学，包括完全或部分的在线授课课程。通过虚拟教室，学生们可以参与到丰富多彩的网络课程中，并且享受到及时的互动和有效的反馈。在学习的过程中，不仅有自主学习的环节，而且还会涉及合作学习和讨论学习的情形。另外，人们还可以利用网络来提交作业、参加某些测验和考试；第三，当时的技术已经可以支持互联网+教育的需要。随着个人电脑技术的不断进步，因特网的兴起，以及相关技术的不断发展，互联网+教育的实现变得更加容易且具备必要的前提条件。第四，虚拟教室已经融合了互联网+教育的基本元素，包括电子邮件、公告牌、超文本、论坛、超级媒体和会议组等。这些元素实际上是因特网具有元媒介属性的体现，同时也是实现虚拟、互动、流动和共享等方面的重要组成部分。第五，在现实中，虚拟课堂的教育和教学已经发展得相当成熟。

然而，虚拟教室仍然是当前互联网与教育相结合的初步形式。在1987年之前的以微机为主题的国际会议（Microcomputers in Education Conference）上，从未涉及"计算机网络与教育"这一关键词的主题。虽然互联网+教育的趋势不可否认，但可以说其仍处于发展阶段，尚处于不断完善的状态。此外，据记录，1973年，网络上共有25台计算机。在20世纪70年代，最多只能容纳256台电脑。尽管技术水平有极大进步，但在20世纪80年代初，连接网络的电脑数量仅有25个，连接的电脑类型较为简单，用户数量也仅有几千个。根据资料显示，1980年全球已经生产了50万台微机，在此同时，PC（Personal Computer）的开发与生产则直到同年9月才开始正式确定。直到1987年，PC才有了搭载386芯片的版本。到1989年，才有搭载486芯片的PC问世。虽然1986年PC已经问世，但是其售价相当高昂，每台要花费8000美元。直到1989年，售价才降至每台4000美元。此外，386PC只有27.5万个晶体管，而486PC却采用了120万个晶体管。这些数据进一步验证了20世纪末期互联网+教育的出现，虚拟课堂只是互联网+教育初级形态的一部分。

二、互联网+教育的发展趋势

（一）互联网+的发展趋势

随着信息技术的不断更新，人们已经踏入了一个以用户为中心、积极推崇用户参与的下一代创新进程（创新2.0）。创新2.0的特征包括让用户参与设计、鼓励开放性的创造、引导群众协作的创新和采用众包模式进行创意开发。随着新型信息技术及创新2.0相互融合发展，我们的生活、工作、组织形式和社会样貌正迅速发生着变革。因此，我们需要跟随这个趋势，并在产业、政府、社会、民主治理和城市规划等方面推动新型模式的发展和进化，推动企业2.0、政府2.0、社会2.0、合作民主、智慧城市等新形态的演进和发展。互联网+是在创新2.0的推动下，将互联网与传统产业有机融合，形成的一种新型发展模式。此外，它也是知识经济和社会变革迈向2.0时代中的新兴趋势。它是一种基于互联网创新成果的新型经济增长模式，通过充分发挥互联网在资源整合方面的优势，并广泛应用于各个领域，以提高实体经济的创新能力和生产效率。这种模式将互联网与传统实体经济紧密结合，构建了一种更加广泛的基于互联网的经济发展模式和工具。

随着网络、计算、数据和知识的普及，它们相互作用、相得益彰，推动各行各业的创新，加速数字化、智能化、智慧化的进程，同时不断推动互联网+的发展壮大。随着深度学习神经网络、无人机、无人车、智能穿戴设备、人工智能群集系统和延伸终端等人工智能技术的不断发展，我们看到目前的生活方式、社会经济、产业模式和合作方式都将经历彻底颠覆性的转变。《创新2.0研究十大热点》一文讨论了在知识社会背景下，新一代信息技术和创新2.0之间的相互作用变化，并分析了互联网+的未来发展前景和趋势。

当前，互联网+仍处于初步阶段，各行各业亦都在探索如何在自身业务中运用互联网+，尤其是那些传统行业尝试积极利用互联网平台以获取更大的收益。传统行业正在逐渐转向互联网化，它们采用B2B、B2C等电商平台，以扩展网络营销渠道、增强线上推广和宣传能力，从而实现便捷的网络营销策略。

现今，越来越多的项目采用互联网+新模式，与传统企业形式不尽相同，融入了互联网要素。由于它们最初便是结合互联网和企业创建的，因此这些项目无需进行传统企业那样的改变和升级。互联网+的宗旨在于推动更多互联网创业项目的蓬勃发展，以此减轻行业转型所需的巨大人力、物力和财力负担。可以说，不同的社会和商业阶段都有自己的发展模式和趋势。现在，互联网+正经历一波大规模的模式爆发。与此同时，传统企业的崩溃和崛起也在同样发生。

1. 全民总动员

互联网+具有极其重要的国家意义和影响，引起了领导人的高度重视和关注，被视为一项国家层面的战略性举措。政府应当扮演引导和促进的角色，在发掘具有潜力的企业中发挥带头作用并给其他企业树立典范，以便逐步发展成为互联网+企业。另外，政府还需设立互联网+产业园和孵化器，集合当地资源促进企业的发展，在实践中推广互联网的概念和运用。除此之外，企业还应该积极跟进互联网+的发展趋势，引入相关技术，并定期邀请专业人士为员工提供互联网相关知识的培训，以增强员工在互联网应用方面的能力和理解水平。此外，企业还能与各大互联网公司建立长期的合作关系，这些合作方式不仅限于资讯共享、技术支持和人才互换，更是为了促进双向交流，加速推动互联网+的发展。

2021年工业互联网专项工作组印发《工业互联网创新发展行动计划（2021—2023年）》（工信部信管〔2020〕197号，以下简称《三年行动计划》）。

《三年行动计划》结合当前产业发展实际和技术产业演进趋势，确立了未来三年我国工业互联网发展目标。到2023年，新型基础设施进一步完善，融合应用成效进一步彰显，技术创新能力进一步提升，产业发展生态进一步健全，安全保障能力进一步增强。工业互联网新型基础设施建设量质并进，新模式、新业态大范围推广，产业综合实力显著提升。《三年行动计划》提出了五方面、11项重点行动和10大重点工程，着力解决工业互联网发展中的深层次难点、痛点问题，推动产业数字化，带动数字产业化。

工业互联网融合应用不同于互联网创新应用，工业互联网的主战场在实体经济，特别是工业领域，面向工业、立足工业、服务工业。这要求工业互联网必须与各行业各领域技术、知识、经验、痛点紧密结合，多元性、专业性、复杂性高，这决定了推动工业互联网融合应用需要持续发力，久久为功，重点加强三个方面的工作。第一，推动形成各方积极参与的团体赛模式。工业互联网是涉及设施建设、融合应用、技术创新、产业生态和安全保障的融合性、系统性工程，企业不能单打独斗。要充分调动工业企业、基础电信企业、工业软件企业、工业控制企业、设备制造企业、解决方案提供商等各方积极性，推动形成主体多元、协同创新的产业生态和"团体赛"模式。进一步发挥工业互联网专项工作组协调机制作用，形成跨部门、跨领域、跨行业合力，完善政策体系和推进措施。鼓励各地工业和信息化主管部门、通信管理局加强协同，形成推动合力。第二，突出工业细分场景特点。工业互联网面向千行百业，可以说是一米的宽度、五十到一百米的深度，需要与各行业的生产实践、行业特性、知识经验紧密结合，不断突破行业技术壁垒和数据共享障碍。我们将进一步深化工业互联网在各细分领域的应用创新，探索符合行业发展实际需求的智能化制造、网络化协同、规模化定制、服务化延伸、数字化管理等新模式，加强5G和工业互联网的融合应用。我们鼓励"跨行业、跨领域"平台的发展，更强调培育聚焦行业特点的专业型、特色型平台，实现精耕细作，产生实效。第三，推动产业数字化，带动数字产业化。通过发展工业互联网，促进数字经济进一步壮大，不断形成先进生产力，推动工业化与信息化在更广范围、更深程度、更高水平上实现融合发展。一方面，发挥新一代信息技术优势，打造工业全要素、全产业链、全价值链互联互通的新型基础设施、新型应用模式和全新产业生态，激发数据要素作用，促进制造业数字化、网络化、智能化升级。另一方面，为5G、云计算、边缘计算、人工智能等新一代信息通信技术落地开辟更广阔空间，并带动自动化、软件、网络等产业实现高端化突破，不断培育壮大新技术新产业。

2. 互联网＋服务商的崛起

互联网＋的兴起会衍生一大批在政府与企业之间的第三方服务企业，即互联网＋服务商。这些服务商本身不会从事互联网＋传统企业的生产、制造及运营工作，但是会帮助线上及线下双方更好地协作，从事的是双方的对接工作，盈利方式则是双方对接成功后的服务费用及各种增值服务费用。

这些增值服务包罗万象，包括培训、招聘、资源寻找、方案设计、设备引进、车间改造等。初期的互联网＋服务商是单体经营，后期则会发展成为复合体，不排除最后会发展成为纯互联网模式的平台型企业可能。

第三方服务涉及的领域有大数据、云系统、电商平台、O2O服务商、CRM软件服务商、智能设备商、机器人、3D打印等。

3. 互联网＋职业培训的兴起

随着互联网＋的兴起，政府和企业都需要更多互联网＋人才，这必将引起关于互联网＋的培训及特训职业线上线下教育的爆发。在线教育、职业教育一直是颇受追捧的教育类型，同时占据较大的市场份额。

互联网＋职业教育的培训内容丰富多样，可以具体细分到每个岗位的工作。其实这些在线培训岗位本质上还是互联网企业的职位，传统企业想改变企业架构，需要配备更多的专业技能职工。互联网＋职业培训主要面向两类群体，一是对传统企业在职员工的培训，二是对想从事该行业人员的培训。

4. 产业升级

互联网＋不仅正在全面应用到第三产业，形成了诸如互联网金融、互联网交通、互联网医疗、互联网教育等新业态，而且正在向第一和第二产业渗透。

互联网＋行动计划将促进产业升级。首先，互联网＋行动计划能够直接创造出新兴产业，促进实体经济持续发展。比如，互联网＋金融激活了传统金融，创造出包括移动支付、第三方支付、众筹、P2P网贷等模式的互联网金融，使用户可以在足不出户的情况下满足金融需求。其次，互联网＋行动计划可以促进传统产业变革。互联网＋令现代制造业管理更加柔性化，更加精益制造，更能满足市场需求。最后，互联网＋行动计划将帮助传统产业提升。互联网＋商务＝电商，互联网与商务相结合，利用互联网平台的长尾效应，在满足个性化需求的同时创造出了规模经济效益。

互联网＋行动计划将重点放在促进以云计算、物联网、大数据为代表的新一代信息技术与现代制造业、生产性服务业等的融合创新上，发展壮大新兴业态，打造新的产业增长点，为大众创业、万众创新提供环境，为产业智能化提供支撑，增强新的经济发展动力，促进国民经济提质增效升级。

（二）互联网＋教育发展新趋势

1. 人工智能化

一方面，物联网技术与智能机器人的应用，能够节省教师的时间，从而让教师将时间用到更重要的事情中去，如可以通过机器人的语音识别系统，让机器人代替教师和学生进行交流。另一方面，知识图谱的应用将大幅提高学习的效率。

对于结构化的知识，智能设备可以轻易地进行优化和处理，通过层次结构和映射关系为学生提供最优的学习路径；而对于职业教育等非结构化的体系，则需要人工智能挖掘内在关系，并对不同学生进行内容匹配。非结构化的知识隐藏着不同的维度，需要系统数据挖掘和机器学习的支持。互联网时代大数据与云计算技术的产生，已为人工智能和机器学习提供了客观基础。目前，人工智能虽然还没达到变革的地步，但随着"互联网+教育"的发展，其在教育方面的应用将会越来越广。

2. 共享经济化

简单而言，教育行业"共享经济化"主要体现为类似于部分行业中的"抢单"模式，学生提出问题，全球在线老师都可以用微课的方式回答，在满足学生学习需求的同时，以竞争解答速度与质量的方法来提高整体水平。目前，国内也有在线教育类App开始尝试从这个方向进行破局，如作业帮教育科技有限公司自主研发的多项学习工具，包括拍照搜题、作业帮直播课、古文助手、作文搜索等。在作业帮，学生可以通过拍照、语音等方式得到难题的解析步骤和考点答案；可以通过作业帮直播课与教师互动学习，迅速发现自己的知识薄弱点，精准练习补充；也可以连线老师在线一对一答疑解惑；学习之余还能与全国同龄学生一起交流，讨论学习、生活中的趣事。

3. 虚拟现实化

虚拟现实是一种运用计算机对现实世界进行全面仿真的技术，其根本目标是通过用立体眼镜、传感手套等一系列传感辅助设施，达到真实体验和基于自然技能的人机交互，最终实现一种三维现实。目前，虚拟现实技术的应用除常见的戴着头盔与手套的"模拟场景"，还包括"人工现实（Artificial Reality）技术""虚拟环境（Virtual Environment）""赛博空间（Cyberspace）"等。虚拟现实技术的应用使互联网的一个平面世界出现了三维的场景，在虚拟世界中创建了与现实社会类似的环境，实现了学习媒体的情景化及自然交互性的要求。书本上的知识点，如果单凭死记硬背以及教师的黑板授课等方式，很难让学生理解。随着近两年VR技术的快速发展，打破了传统教学的呆板、单一方式。VR教育让学生和教师在超越现实的虚拟环境中自由移动、交互和操作，体验到了无法用简单的图文或者视频构造的情景。另外，对VR教学软件的兴趣和穿戴设备的限制让学生的注意力高度集中，可以说是最有效率的学习方式。VR教学提供了更符合人性、更有效率、更多元化的教学方式，从而使学习更简单、更快乐、更高效。

4. 大众娱乐化

"书山有路勤为径，学海无涯苦作舟。"这是传统教育对待学习的态度，而在互联网时代，学习将不再是一件"苦差事"，而是一种娱乐方式、一种生活方式，让更多人从"不得不学习"变成"我想要学习"。

其实，传统教育也有"寓教于乐"的说法。孔子作为中国教育先贤，也曾提出"知之"不如"好之"，"好之"不如"乐之"。由此可见，兴趣是最好的老师，这是孔夫子时代就已经明确的真理。真正的好老师是能够激发学生学习兴趣的，这一点在娱乐泛化的现代社会显得尤为重要。于丹对《论语》的讲解颇有争议，受到了传统国学家的诸多质疑，但也正是于丹使更多的普通人了解《论语》，使《论语》精神得到传播。诸如此类的教育名人还有很多，他们之所以能够受到大众的欢迎，并不是因为他们是最博学多闻的，而是因为他们能够激发起人们的学习兴趣，能够为人们提供愉悦的学习体验。

如今，大众开始接受"教育即娱乐"这一前沿观点，教育不再是精英教育和应试教育，而逐渐成为一种大众化的教育。人们看于丹对《论语》的解读，不是为了应付高考，而是为了获得某种精神体验。在线教育的竞争对手从来不是传统教育，而是互联网时代的其他精神产品，如美剧、网游、论坛、购物网站等。教育和娱乐之间的界限变得越来越模糊，很多情况下已经分不清哪些属于教育，哪些属于娱乐。近些年流行的一些现象级娱乐节目，如《中国诗词大会》《见字如面》《朗读者》《国家宝藏》等，既有娱乐的目的，又有传递知识的功能。热衷于探索和学习是人类的天性。正是在这种天性的推动下，人类不断地探索自然，发现大自然的奥秘，一步步地走向更高层次的文明。这样的探索在今后仍然会继续进行下去，这是由人类的天性和遗传基因决定的。对学习的理解不能仅仅停留在学习书本知识这个层面，它涵盖对人类社会一切文明成果的学习。例如，中老年人对养生知识的热衷、足球迷对AC米兰的痴迷、星座迷对星座知识的钻研等都属于学习的范畴。值得反思的是，为什么传统学校开设的课程，如语数外，不能激发出大众学习的热情，反而成了学习的负担呢？

如果过于关注学习知识功利性的一面，将学习当作升学、求职的工具，赋予学习自身不可承受的沉重负担，那么学习就变成了枯燥的任务。豆瓣、知乎的出现使学习的形式更为轻松，因而受到了大众的欢迎。但它们也只是教育娱乐化时代较为初级的1.0版本，未来的在线教育将会把教育的娱乐功能发挥得更为充分。

第二节 互联网 + 教育的概念

一、"互联网 +" 的概念

"互联网 +"是创新2.0下互联网发展的新业态，是知识社会创新2.0推动下的互联网形态演进及其催生的经济社会发展新形态。互联网 + 是互联网思维的进一步实践成果，推动着经济形态不断地发生演变，从而带动和壮大社会经济实体的生命力，为改革、创新、发展提供广阔的网络平台。

通俗地说，互联网 + 就是互联网 + 各个传统行业，但这并不是简单地两者相加，而是利用信息通信技术及互联网平台，让互联网与传统行业进行深度融合，创造新的发展形态。它代表一种新的社会形态，充分地发挥互联网在社会资源配置中的优化和集成作用，将互联网的创新成果深度融合于经济社会各个领域之中，提高全社会的创新力和生产力，形成更广泛的以互联网为基础的设施，实现以互联网为工具的经济发展新形态。

（一）互联网 + 理念的提出

国内互联网 + 理念的提出，最早可以追溯到2012年11月于扬在易观第五届移动互联网博览会的发言。易观国际董事长兼首席执行官于扬首次提出互联网 + 的理念，他认为在未来"互联网 +"应该是我们所在行业的产品和服务在与我们未来看到的多屏全网跨平台用户场景结合之后产生的一种化学公式。我们可以按照这样一个思路找到若干这样的想法，而怎么找到自己所在行业的"互联网 +"，则是企业需要思考的问题。

2014年11月，李克强总理出席首届世界互联网大会时指出，互联网是大众创业、万众创新的新工具。其中大众创业、万众创新正是此次政府工作报告中的重要主题，大众创业、万众创新被称作"中国经济提质增效升级的新引擎"。由此可见互联网的重要作用。

2015年3月，在全国两会上，全国人大代表马化腾提交了《关于以"互联网+"为驱动，推进我国经济社会创新发展的建议》的议案，表达了对经济社会创新的建议和看法。他呼吁，我们需要坚持以互联网+为驱动，鼓励产业创新、促进跨界融合、惠及社会民生，推动我国经济和社会的创新发展。马化腾表示，互联网+是指利用互联网的平台、信息通信技术把互联网和包括传统行业在内的各行各业结合起来，从而在新领域创造一种新生态。他希望这种生态战略能够被国家采纳，从而成为国家战略。

在2015年3月5日上午召开的十二届全国人大三次会议上，国务院总理李克强在政府工作报告中首次提出"互联网+"行动计划。李克强在政府工作报告中提出："制定'互联网+'行动计划，推动移动互联网、云计算、大数据、物联网等形式与现代制造业结合，促进电子商务、工业互联网和互联网金融健康发展，引导互联网企业拓展国际市场。"[①]

2015年7月4日，经李克强总理签批，国务院印发了《关于积极推进"互联网+"行动的指导意见》，这是推动互联网由消费领域向生产领域拓展、加速提升产业发展水平、增强各行业创新能力、构筑经济社会发展新优势和新动能的重要举措。

2015年12月16日，第二届世界互联网大会在浙江乌镇开幕。在举行"互联网+"的论坛上，中国互联网发展基金会联合百度、阿里巴巴、腾讯共同发起倡议，成立"中国互联网+联盟"。

直至2019年，世界互联网大会已经举办了六届，第六届世界互联网大会乌镇峰会在浙江乌镇举办。来自全球83个国家和地区的约1500名嘉宾齐聚乌镇，围绕"智能互联开放合作——携手共建网络空间命运共同体"主题，纵论网络空间发展大势，展示信息技术创新成果，共商网络空间开放合作途径。

2020年11月23日至24日，世界互联网大会·互联网发展论坛在浙江乌镇举行。本届互联网发展论坛以"数字赋能 共创未来——携手构建网络空间命运共同体"为主题，530余名嘉宾参会，同时吸引大量国内外嘉宾线上参会。2021年

---

① 段建玲.互联网+创新方法[M].兰州：甘肃文化出版社，2016.

9月26日至28日，第八届世界互联网大会乌镇峰会在浙江乌镇召开。本届乌镇峰会主题是"迈向数字文明新时代——携手构建网络空间命运共同体"，采用"线上+线下"相结合的方式举办，除在浙江乌镇设置实景会场举办各项活动外，邀请部分重要嘉宾以线上形式参会。大会围绕全球网络空间焦点热点共设置20个分论坛。

（二）基本内涵

互联网+在促进工业化和信息化深度融合方面发挥了重要作用，它是现代信息化发展的重要表现形式，通过与工业、商业、金融等行业紧密结合，在整合资源、优化流程、提升效率等方面发挥了全面的作用。创新是至关重要的，因为只有通过创新，这个"+"符号才能变得真正有用、有意义。因此，互联网+被认为是创新2.0时代互联网发展的一种新形态和新业态，也是推动经济社会发展的一种新模式，符合知识社会创新2.0的趋势。互联网+的特点有六个。

一是跨界融合。"+"就是跨界，就是变革，就是开放，就是重塑融合。敢于跨界了，创新的基础就更坚实了；融合协同了，群体智能才会实现，从研发到产业化的路径才会更垂直。融合本身也涵盖了身份的融合，如客户消费转化为投资、伙伴参与创新等。

二是创新驱动。中国需转变发展道路，从过去依靠资源驱动型经济增长的方式转向以创新为驱动力的发展模式，以确保可持续发展。互联网具有的特点就在于，运用互联网思维进行变革和革新，进而促进并释放创新的潜力。

三是重塑结构。随着信息革命和全球化的发展，互联网已经对传统社会、经济、地缘和文化结构产生了重大颠覆影响。随着时间的推移，权力分配、会议规矩和主流话语的主导者都会发生变化，这将对互联网社会治理和虚拟社交方面带来深远的影响。

四是尊重人性。人类的创新力是推动科技、经济、社会和文化发展的关键因素。互联网之所以强大，主要因为它深刻尊重人类的本质、重视个人体验和鼓励人类创新创造，这征服了UGC、潜在式营销和分享经济等领域。

五是开放生态。互联网+的一个重要特征就是生态系统，而生态系统的核心原则是开放性。推进互联网+，其中一个关键方向是消除过去对创新的限制，将孤立的创新点连成整体，通过市场的力量，让有志创业者更有机会实现自身价值。市场的人性化特征将成为推动新兴产业发展的强大动力。

六是连接一切。连接具有层级性和差异性，其价值也存在差异，不过互联网+的目标是将一切互相连接起来。

我们需要积极参与传统企业和创业者的发展，不能只是旁观者。我们不能只是观望他们的变化而已。针对新的商业现象和商业逻辑，我们需要探究如何将其应用于实际商业运营中，因为我们致力于务实经营。当遇到我们不理解的事情，我们应该深入探索和学习，以便更好地理解。一旦了解清楚，就应该立即采取行动。

二、互联网+教育的定义

目前，信息技术已经渗透到社会的各个方面。在教育领域，正在默默地进行一场具有革命性的信息化转型。

如今，上网已经成为学生学习和日常生活中必不可少的一部分。下载作业、讨论功课和搜索资料已经成为学生的学习和生活方式，这在学校网站和QQ群组中体现得淋漓尽致。随着时代的不断演进和现代科技的快速发展，家用电脑和互联网已深入人们日常生活，网络因此而成为学生在学业和日常生活中必不可少的重要辅助工具。同学们可以借助网络互相交流、讨论学习题目、分享学习经验，以便彼此互惠互利、相互促进，共同提高自己的学习水平和技能。除此之外，这也有助于增进学生、老师和父母之间的了解、交流和沟通，为孩子的健康成长创造更加愉快的环境。

随着信息时代的到来，互联网的快捷高效和便捷性成为学生学习和生活中必不可少的重要因素，并为学生提供了有益的学习帮助。这项措施不仅可以提升学生的互联网学习和交流能力，还能增加孩子们的知识储备和拓展他们的视野，同时激发他们的求知欲和好奇心。这样做有助于培养独立思考和勇于探索的良好行为习惯，推动全面教育，更好地培养未来的建设者和继承者。

截至2022年底，中国移动端上网的互联网用户总人数高达12亿。目前已经成为事实的是，越来越多的互联网用户将使用移动设备取代PC进行上网活动。而在线教育也正在从PC端向移动端发展，未来发展则可能会向智能互联方向转型。利用在线教育，不仅可以提高教育效果，还有可能引发教育方面的革新。

17

互联网+是现代的主流思想，其意义是把传统的生产、销售、运营乃至生活方式都以互联网的思维进行全新诠释。

互联网+教育也是最近的热门话题，那么"互联网+教育=？"答案是互联网对教育的变革。

首先是对教学思维及模式的改变。传统的教学是以老师为主体，老师教，学生听讲。而在互联网的思维模式下，老师与学生的地位完全被颠覆。所以，现在强调要提升学生在课堂上的主体地位，引发学生的学习积极性，增加课堂的互动性及灵活性。如此一来，老师的任务不再是简单讲授，而是引导。教学任务，也从单纯的教授知识点转换到通过讲解知识点来引导学生获得科学、合理的学习方法，以及思维习惯上来。可以说，互联网+的模式让学习更加轻松化和人性化。

其次是助学工具的改变。传统的助学工具，就是提供试题，让学生来做题而已。但是现在，这些简单的助学工具已经无法满足时下教育的需求。所以更多的教育商开始提供更多更科学、更人性化的服务。比如，孩子们上下学都是交通的高峰期，有很多一线城市堵车非常严重，动辄一个小时甚至几个小时。那么，学生有一部分时间是浪费在上下学途中，缩短了学生的自主使用时间，无形中增加了学生的负担。而网上的教学系统则很好地解决了这个问题，只要在手机中下载软件，就可以离线学习，于是堵车的过程变成了学习的过程。这样不但科学地整合了学生的零散时间，也及时地帮助学生在最短时间内完成课前的预习和课后的复习，巩固了知识点，相对减轻了学生的学习负担。

总而言之，互联网+教育就是在教育行业中引入互联网，实现一些基于互联网的教育应用，比如K12在线教育、MOOC等，互联网+教育将会改变教育行业的很多行为方式。互联网+教育没有一个固定的形式与定义，互联网+教育等于变革——变革了传统的教育思维、教育方式及教育工具，而三者的变革又相辅相成，共同促进着变革的发展与深入。

三、互联网+教育的内容

当时任总理李克强在政府工作报告中首次提出互联网+概念时，许多业内人士相互传颂此信息。近年来，互联网被比作点石成金的魔杖，无论"加"何种因素，都能引起神奇的转变。很多人相信，"加"商品变成了淘宝、京东，"加"货币变成了支付宝、余额宝，"加"手机变成了微信、视频通话，"加"出租车变成了滴滴打车、快的打车……这一变化被称为互联网时代下的新型"工业革命"，也被认为是电力发明之后的重要进步。互联网融合教育，将会带来翻天覆地的革新。

教育是互联网最早涉入的行业之一，但就国内在线教育而言，移动互联网在教育领域的潜力仍未被充分发掘。或者说，当前的在线教育只是披上了互联网的外衣，而尚未习得互联网的精髓。

互联网的数字化和开放性特点，使其对教育领域产生了深远的影响。由于互联网的开放和数字化特性，互联网＋教育的个性化规模化得以实现。教育的本质和核心在于个性化教育。由于教师人力短缺，传统的教育方式只能被少数受到重视的学生所享受。在数字化特征的互联网中，借助新技术如大数据、人工智能和机器学习等，能够通过"云端"对学习过程进行监测，从而了解学员的学情和状态。这一技术可以帮助教师提供个性化和差异化的学习方案，为因材施教提供了强有力的技术支持。此举不仅成本较低，还可实现规模化的个性化教学。如今，在美国，越来越多的学校推行自适应教育系统，它能够根据每个学生的特点和潜能，智能地调整学习内容和进度，以实现最佳的教学效果。此系统被认为是在线教育的淘金热点之一，备受资本市场追捧。

互联网＋教育还让最佳学习过程变得更加明确可见。发掘、概括、巩固和传承最优学习经验，是提高学习效率的关键。传统教育模式通过教师的观察及学习，以成绩优秀者的体验与回忆来总结学习过程。由于个体差异、偏见和可能的偏差，此结论并不具有广泛适用性，不宜被一般引用和参考。数字化技术的运用使得个人的学习过程和环境可以被记录下来，并通过分析不同的学习特征和效果来进行更深入的了解。通过数据挖掘技术，能够更好地整合和分析个体的学习特点，为各种类型的学习者提供最优的学习模式。如此一来，每个人都可以利用自己的知识储备、学习能力和周围环境，找到最为适合自己的学习方式，以此来保证学习的效果。

互联网＋教育让教育资源跨越了地域和时间的限制，使我们能够获得更多的学习机会。互联网的广泛性和公开性，为各行各业的教育资源提供了共享和利用的便利条件。在全球广泛的教育资源系统中，学习者可以获取所需的知识资源，而且这些学习资源的体系非常完整，最受欢迎的资源几乎都可以免费获得。

互联网＋教育的关键在于清晰划分互联网和传统教育的职责，明确哪些方面需要借助互联网技术提供帮助，哪些方面仍需依赖传统教育模式承担。可以预料到，在互联网+的影响下，传统教育将不是被取代，而是得到了额外的补充，实现了新生。虽然传统教育的形式、作用和内容可能会发生改变，但并不会被完全颠覆。随着互联网的进步，传统教育模式和传统知识传播者的角色正在被取代。因此，传统教育将更加着重于培养学生进行知识分析和创新，以及在知识养成方面培养学生深入理解和习惯养成等方面的技能。可以毫无疑问地断言，随着互联网的广泛应用，传统教育将迎来全面的转型和升级。

第三节 互联网+教育的作用

一、互联网+的作用及发挥

互联网+战略的推行，表明国家高度重视以互联网为核心的新经济发展模式。这为我国企业、产业和经济发展打开了更加宽广的前景。我们需要充分领会其主要内容，聚焦关键问题，切实推动其发展。

（一）在经济发展中的重要作用

随着时间的流逝，互联网逐渐成为生产过程中不可或缺的因素，且与其他产业之间的结合更为密切。随着互联网的迅速发展和壮大，越来越多以互联网为主导的新兴产业不断涌现，这使得互联网在加速推动经济社会发展方面的作用日益增强。随着互联网+的兴起，互联网在经济发展中的关键作用越发突出，这也是新时代、新形势下的显著特点。

1. 新业态的铸造器

互联网具有强大的渗透力和引领作用，与各行业领域不断融合，能不断创新产业模式。新的商业模式如电子商务、互联网金融和定位服务都是基于互联网建立的。随着互联网与传统产业的深度融合，必将催生出更多新兴产业的兴起。这将推动传统行业向数字化、网络化、智能化方向转型，进而为我国经济升级、创新发展注入新的动力。

2. 新消费的催化器

我们的国家经济正在转型，从以生产为主到以消费为主。网络正在成为推动和培育新消费需求的重要工具，它不断展现着其未来巨大的潜力和影响力。由于互联网和各个行业的不断融合，互联网+将促进数字娱乐、工业自动化、现代化农业的升级，智慧城市建设等消费市场不断扩大，这将为我国的经济提供强有力的持续发展和创新动力。

3. 新经济的连接器

新经济的发展基础和重要特征在于整合共享和跨界融合，以此促进发展。因为其天生的互动特性和集中以及分享资源的能力，互联网已被广泛地依靠来作为一种平台经济模式，推动了多个行业和企业的创新发展。随着互联网的广泛应用和渗透，我们的国家将实现创新资源和发展资源的充分整合、流通和分享，推动经济发展方式的重大转型，各行各业、企业和政府公共服务机构将在相互连接中实现更紧密的联系。

（二）发挥互联网+促进产业升级的作用

1. 基于互联网思维的研发创新模式

在互联网上搜集研发点子，创建协同设计模式，并鼓励用户广泛参与。利用大数据和云计算技术对市场需求进行深度分析，以更高的精度提高研发设计与用户需求的匹配程度。开发融合互联网技术的全新产品，并不断提升其智能和网络化水平，以实现高端价值链升级。

2. 基于互联网的智能化生产制造流程

创建能够适应制造业的产业形态和生产模式变革的自动化生产系统和制造执行系统，具有数字化、智能化、网络化等特性。创建一种基于分布式智能的生产系统，为企业提供动态制造功能，并应用远程诊断和管理等技术手段，帮助企业实现管理和操作的智能化。此外，我们应当建立互联网工厂和构建大型企业。支持企业建立开放性平台，以提高供应链和商务合作的效率，从而促进整个产业链的协同发展。

3. 以电子商务为核心的流通服务体系

提供集成化的电子商务服务，其中包括信用管理、电子支付、物流配送、身份认证等关键环节，以加速发展。基于互联网、移动互联网建立的电子商务平台，将打造全程可追溯、互联共享的产品质量追踪反馈体系，提升售后服务能力和品牌知名度；建立以电子商务为核心的供需有效接口，实现企业、客户和供应商资源的有效整合，促进资源优化和产业链的合理化，提高资源利用水平。

二、互联网+教育的作用

（一）推动教育各方面变革

中国教育目前正在通过广泛而全面地应用信息技术，进行一次深刻的变革。使用互联网进行教育将推动教育内容不断升级和更新，教育方式实现持续变革和创新，并拥有丰富多样的教育评价方式。

通过引入互联网+课程，学校的教学模式正在全面转型，不仅涵盖了在线课程的开发，更重要的是在组织结构和基本内容方面进行了全面升级。由于互联网资源的丰富，中小学各学科的教学内容可以得到全面更新和拓展。这些先进知识非常适合学生的学习，通过互联网的支持可以轻松地引入课堂，从而为学生提供更加多样化、充满生活和艺术特色的课程内容。

互联网在教育领域的广泛应用，彻底转变了传统教学的组织方式，带来了革命性的创新。翻转课堂的特点是让学生先自学再授课，这一模式得以落地实现，正是受益于互联网技术的不断发展。借助互联网技术的支持，教学过程中师生之间的互动更加实时和有效，同时也不再受限于传统课堂的时间和地点限制。教师提供了相关资源的链接，鼓励学生自主探索，同时提供思维方面的引导。

（二）积极推动教育产业发展

随着互联网的迅猛发展，近年来教育行业也持续受到其影响和推动。尽管互联网+已经对教育产业发挥了广泛的作用，但仍有许多投资者对其在教育行业中的实际应用不甚了解。

中国是世界上拥有最多互联网和移动电话用户的国家，互联网经济已成为中国经济中最具活力的新兴引擎。此外，互联网+行动计划正在被国家推行，这将为互联网和相关产业的深度融合提供更多的推动力。在许多行业中，互联网技术、商业模式和组织方法已经成为常规做法，并且正在改变招聘市场的标准。当前几乎所有领域都需要大学毕业生熟练掌握开发移动应用、推广数字化营销、处理电子商务并且能够规划微信公众号等相关技能。

随着互联网经济不断发展和产业变革的不断推进，高校将会更加重视相关专业的发展，加强对互联网领域专业人才的培养和教育。第一，将互联网领域相关学科纳入高校的公共基础课程中，以便增强学生对该领域的知识储备。第二，为了跟上互联网行业快速发展的步伐，我们需要加快培养市场上急需的专业人才。第三，将互联网技术应用于《中国制造2025》规定的十大制造领域相关的专业教学中。此外，我们还将在高等教育机构和企业创办创客中心和创客平台，以提升大学生的创意和实践能力。这些平台将涉及多个领域，例如3D打印、智能家居、可穿戴科技、机器智能和物联网技术，但并不局限于此。

毋庸置疑，将互联网融入高等教育改革和发展是我国必然之举。我国正在积极推动在线课程和教学资源平台的建设，旨在让更广泛的人士可接触到高质量的教育资源，从而提升受教育者的学习效果和水平。特别是在中西部地区的大学生们，他们现在可以参加国内外著名大学的网络课程，拓宽视野，增加知识面。许多年轻的和中年的教育工作者已经通过高质量资源共享课和公开课的学习，显著地提升了他们的教学技能。教师可以更方便地利用信息技术应用，采用启发式、探究式、讨论式、参与式等多种教学方式，建立以学生为中心的教学模式。

当前，教育界与互联网行业的融合，促进了全新的学习观念和方式的涌现。网络有很强的互动能力和丰富的高质量学习资源，使学生可以个性化地在线学习，不受时间和空间的限制。高校可以利用互联网平台来推动创新创业教育的开展。由于创新已经成为互联网的核心和本质，因此也已经成为大规模创业和创新所不可或缺的媒介和基础。

第二章 外语教学原理探究

本章为外语教学原理探究，分别阐述认知心理学原理、二语习得理论、结构主义语言学、交际功能理论、元认知学习理论，高校法语的教学需要以这些原理为基础设计教学过程、教学活动。

第一节 认知心理学原理

学习心理学和教学心理学也关注认知心理学所探讨的诸多问题，包括但不限于知觉、记忆、理解、思维、问题解决等，实际上也是学习心理学与教学心理学所研究的主要问题。认知心理学中的一些认知理论如格式塔的学习理论，皮亚杰和布鲁纳的认知发展理论，早已广泛地运用到教学实践当中。在一定程度上，认知心理学已成为教育心理学、教学心理学和学习心理学中最主要的理论。

一、乔姆斯基普遍语法假说

乔姆斯基（Noam Chomsky），美国著名语言学家，转换生成语法（Transformational-generative Grammar）的创始人，被誉为20世纪最有影响的语言学家之一。

1959年乔姆斯基在批判斯金纳的行为主义理论基础上提出了普遍语法理论（universal grammar）。他认为，每个人大脑中先天嵌置着语言习得机制（language acquisition device；LAD in brief），所有语言的深层结构具有共性特征，个体可以借助这一先天语言机制对外界的输入进行创造性加工，内化为有限的抽象规则，最终依据这些规则生成无数语法规范的句子。乔姆斯基是典型的完全先天论者。他相信，语言的习得取决于人生来具有的语言习得装置。然而，人真的生下来就附带这种语言习得装置吗？至今没有人能验证也无法验证这个大胆的假设。乔姆斯基的假设在备受质疑的同时，又被学术界悄悄引用来解释母语习得或二语习得现象，在缺乏系统教学的情况下，母语或二语之所以能被自然地习得，就是因为学习者生来具有这些共同特征的语言习得装置。

在乔姆斯基理论的直接影响下，20世纪60年代学者们开始研究储存在大脑内的二语知识体系和习得二语知识的过程。对二语知识体系的研究主要从静态的角度，描述储存在个体大脑中的二语知识体系特征及其变化情况。这些本已存在的规则体系如何顺应二语的习得，其过程与母语习得有极大的近似性。尽管句式的表层结构不一，但深层结构或者抽象出来的语法规则相似，学习者只要借助充分的可理解性输入拥有足够的词汇量，就可以创造无数个合乎语法规范的句子，句子的语法性既不受交际场景、交际者差异等因素的制约，也不受学习环境、学习者个体差异的影响，脱离语境的句子成为研究的基本单位，甚至研究中排除了情境因素、文化因素的干扰。

对习得二语知识过程的研究，注重从动态的角度考察个体学会二语的过程，主张二语习得是先天（nature）的规则系统与后天（nurture）的共同作用，母语的影响、中介语、普遍语法假设、学习者的内在及外在因素以及课堂教学都会对二语习得产生作用。因此乔姆斯基普遍语法假设理论后期的研究，并不仅仅描述存储在大脑中的二语知识特征，更多的是解释如何、何时以及为什么能习得二语知识，旨在探讨学习者把输入内化为自己的知识并有效地输出的路径，二语习得的动力及导致学习中断甚至石化的原因，最终把模糊、无意识的假设转化成有意识、明示的教学理论，提供可借鉴的研究成果。

从哲学倾向上看，认知学派坚持的是二元本体论，主张人与社会互相独立，互不影响，其研究的局限性显而易见。而且乔姆斯基的研究更多是理论层面的假设，一方面，假设有待于进一步的验证，另一方面，其学说对外语教学理论与实践没有产生直接的解释推动作用，对外语学习理论的形成影响不大。

二、皮亚杰图式理论

皮亚杰（Jean Piaget，1896—1980），瑞士著名的心理学家，从1927年开始研究人的认知过程，取得了杰出的研究成果并提出了认知发展理论。

皮亚杰吸收了生物学的观点，强调人的认知过程是先天与后天共同作用的结果，个体能对刺激作出反应在于其具有应付这种刺激的思维或行为图式，使个体能对客体的信息进行整理、归纳、使信息秩序化和条理化，从而达致对信息的理解。个体的认识水平完全取决于认知图式。图式是皮亚杰理论中的核心概念，指动作的结构或组织，拥有遗传性与后天滋养而发展完善的双重特质，比如知识图式既先天存在，又不断被发展丰富。

皮亚杰认为，人的认识发展不仅表现在知识的增长上，更表现在认知结构的完善和发展上。图式的发展水平是人的认识发展水平的重要标志，既是认识发展的产物，又是认识发展的基础和条件。图式的发展和丰富是通过同化（assimilation）和顺应（accommodation）两种机制来实现的，同化是对外界刺激输入的过滤或改变，是量变的过程；顺应是个体改变内部图式，以适应现实，是质变的过程。在认知结构的发展中，同化与顺应既相互对立，又彼此联系、相互依存。人在初学阶段，认知处于较低水平的平衡状态，当面临新的刺激输入时，又产生了新的不平衡，个体会通过自我调节机制，主体和客体的相互作用（同化或顺应），促使认识达到一个新的水平，恢复平衡状态。因此，人的认知发展是由平衡到不平衡、再平衡的过程，需要同化、顺应的调节。

三、加涅信息加工理论

加涅（Robert Mills Gagne，1916—2002），美国教育心理学家，早期受严格的行为主义心理学训练，在其学术生涯的后期，吸收了建构主义认知学习心理学的思想，形成了理论与实践相结合的信息加工学习理论，这一理论解释了大部分课堂学习并提出了切实可行的教学操作步骤。

加涅的信息加工理论侧重研究人脑学习加工知识的过程和规律，分析信息从外部输入大脑经过加工阶段到产生外显反应时所经历的信息加工过程，形成了既有理论支持也有技术操作支持的学习理论，主要强调以下三点。

（一）学习是学习者摄取信息的一种程式

学习者从环境中接受刺激、经过注意后，外界信息被转化成刺激信号，被人选择性感知，并以声音或形状的方式进入短时记忆后的编码程序，通过信息编码，原先以声音或形状储存的信息马上可能转化为被人理解的、有语义特征的言语单元或更为综合性的句子和段落图式，短时保留在记忆中，然后学习者通过不断复述促使信息进入人的长时记忆系统并被永久储存、使用。

毫无疑问，加涅的信息加工模型为人类语言信息的加工提供了认知视角。人和动物同样拥有语言编码方式，如狗的叫声有指向功能，蜜蜂使用特殊标记语言，只是动物语言表达的方式或者说编码的方式不同于人类，一般的人难以理解动物语言的语义。需要进一步探究的是，人从获取语言信息、大脑加工信息到提取输出语言信息是否被程式化，编码与解码的方式是否遵循同一规律，我们可以假定，如果能研究清楚信息加工的普遍程序及其机理，在此基础上再关注个体学习的内外在差异性因素，学习的过程及其规律就容易把握，教师的指导就更有针对性。

（二）控制、预期是课堂教学有效性的决定因素

学习者自发的控制和积极的预期虽然没有呈现在信息的流变程式中，但是它们与信息流动同步，直接参与了完整信息加工的每一步，学习者内部信息加工的机制直接影响了所有的信息加工阶段。首先，为了高效率地学习，学习者必须对一些刺激作出反应。这意味着在学习初期学习者的感觉器官就应该朝向刺激源，做好接受刺激的心理准备。其次，选择性知觉会直接影响到感觉器中的内容，以及进入短时记忆的特征及编码方式的选择，作为一种特殊因素，选择性知觉在学习一开始就决定了学习者概括和解决问题的能力及学习者思维质量的高低。最后学习作为一种定向性的执行过程，预期的内容能使学习者产生一种连续的学习定势，使他们的心向在指向目标完成的过程中选择每一加工阶段的信息输出，完成对学习者"头脑中已有"目标的应答。

概而言之，机械性的刺激—反应在学习的初始阶段十分必要，学习者需要通过反复训练掌握语言的基本信息，生成能够选择语言编码、解码、输出的能力，不具备这种能力的学习者无法对输入的海量信息进行筛选、加工。学习者几乎不可能对所有外界的信息都进行加工处理，也不可能存储、内化、提取所有的信息，信息加工的选择性取决于学习者运用信息的需要以及能够选择信息的能力。

心理预期（psychological anticipation）设置是学习者能克服信息加工困难、完成信息高效持续加工的内生动力，预期过低或者过高都会影响动力的强度与持久度。我们可以肯定的是，信息加工处理的时长因人而异，输入、输出是外在行

为，具有可视性而信息在大脑中的加工过程可能无法观察。所以，课堂上学生从接收信息到表达信息所用的时间并不一样，如果我们视学习者的外在因素，如教师、教学条件资源等为常量，那么学习者的内在因素一定会影响信息加工的过程，探究哪些个体内在因素会影响语言学习，以及影响的路径、方式和程度都需要进一步研究。

（三）反馈是维系教学的必要手段

教学是一个相对封闭的环形流程，有起点，也有终点，这里的起点和终点都指向于与学习者紧密相关的课堂情境。这样的情境中需要对教学过程效果进行不断的反馈、检测，并作为调整、提升教学质量的依据，促使教学过程在动态的流程中不断地创新、超越。课堂教学是由学生和教师两个主体构成的互动行为，学生和教师的反馈是维系有效课堂教学的必要手段，从学生主体层面讲，学生在课堂上的参与度、反应度、行为表现等都是反馈课堂教学效果的有效手段，也为教师判断教学方案执行情况提供了重要的参考依据。教师可以通过学生互动交流时的反馈信息以及完成任务时被观察到的反馈行为表现，比较准确地诊断教学设计和教学操作过程中出现的超出预期的问题与不足，及时调整教学预案，开展针对性的教学补偿行为，寻求教学效果最优化。

课堂师生话语互动模式研究表明，语言课堂由多个IRF及其变体组合。IRF是initiation（启动）、response（反应）、feedback（反馈）三个英文单词的首字母。从动作行为的执行主体看，语言课堂就是"教师启动—学生反应—教师反馈"的过程。

这是一个完整的师生课堂交流会话模型，主要应用在课堂提问和评价环节。教师反馈是外语课堂教学必不可少的环节，如果没有教师的反馈，可能会导致以下情形：一是破坏对话的完整性，也不符合会话的礼貌原则。二是参与互动交流的学生可能由于没有接收到教师的反馈而怀疑自身语言信息的正确性与得体性；其他学生也由于难以获得对交流信息的肯定性或否定性评价而无法完善和丰富自己的认知结构。三是长期无反馈的课堂会影响学生参与活动的积极性与参与度，久而久之会演化成"无声课堂"。因此无论教师对教学效果的诊断还是在学生的学习过程中，反馈都发挥着极其重要的指向作用。

四、布鲁纳的认知结构学习理论

布鲁纳（Bruner），美国心理学家、教育学家，对认知心理学的系统化和科学化作出了卓越贡献，在认知结构研究的基础上提出认知学习理论和一系列教学原则。

（一）重视学科基本结构教学

布鲁纳强调不论教什么学科，务必使学生理解该学科的基本结构，基本结构就是"具有既广泛而又强有力的适用性"，学科的基本结构包括基本概念、原理和规律。布鲁纳的认知结构教学理论深受皮亚杰发生认识论的影响，他认为，认知结构是通过同化和顺应及其相互间的平衡而形成的。但他也不完全同意皮亚杰的观点，皮亚杰认为认知结构是在其他外界作用下形成发展起来的，而布鲁纳则反复强调认知结构对外的张力，认为认知结构是个体用来认识周围世界的工具，它可以在不断使用中自发地完善起来。学校教育主要是帮助学生掌握学科的基础知识，并以此为同化点来完成对知识结构的更新，促使他们运用新的认知结构来完成对周围世界的感知，这就是有机体生长的过程。因此布鲁纳主张教给学科的基本结构，主要是让学生掌握概括性程度更高的概念或一般原理，以有利于后继新知识的同化和顺应。

（二）强调有效学习方法的作用

在布鲁纳看来，人类具有对于不同事物进行分类的能力，人的学习其实就是按照知识的不同类别，把刚学习的内容纳入以前学习所形成的心理框架（或现实的模式）中，有效地形成学习者知识体系的过程。布鲁纳认为，人类的知觉过程也就是对客观事物不断进行归类的过程。因此，他提倡教师在帮助学习者学习的过程中不仅要提供必要的信息，而且要教会学生掌握并综合运用对客观事物归类的方法。他认为学习者的探究实际上并不是发现对世界上各种事件分类的方式，而是创建分类的方式。因为在具体的学习过程中，这些相关的类别就构成了编码系统。编码系统是人们对所学知识加以分组和组合的方式，它在人类的不断学习中进行着持续的变化和重组。知识迁移实际上就是学习者将已经掌握的编码系统应用于其他新的信息，从而有效地掌握新信息的过程。因此教师在教授新知识时客观地了解学习者已有的编码系统是非常重要的。

（三）主张发现学习

所谓发现是指学习者独自遵循他自己特有的认识程序而亲自获取知识的一切方式。布鲁纳反复强调教学是要促进学生智慧或认知的生长。他认为教师的任务是要把知识转换成一种适应正在发展着的学生的形式，以表征系统发展的顺序而进行科学的教学设计。

布鲁纳提倡教师在教学中要使用发现学习的方法。使用发现法应遵循六个步骤：一是提出和明确学生感兴趣的问题；二是使学生体验到对问题的某种程度的不确定性；三是提供解决问题的多种可能的假设；四是协助学生收集资料；五是组织学生审查有关资料，得出应有的结论；六是引导学生用分析思维去证实结论。

第二节 二语习得理论

二语习得理论形成于20世纪六七十年代，主要对二语习得的过程与本质进行研究，描述学生如何对第二语言进行获取与解释。对于这一理论的研究，学者克拉申作出了巨大贡献，并提出五大假设。

一、习得—学得假说

所谓习得，指学生不自觉地、无意识地对语言进行学习的过程。所谓学得，即学生自觉地、有意识地对语言进行学习的过程。

"习得"与"学得"的区别如表2-2-1所示。

表2-2-1 "习得"与"学得"的区别

-	习得	学得
输入	自然输入	刻意地获得语言知识
侧重	语言的流畅性	语言的准确性
形式	与第一语言习得类似	重视文法知识的学习
内容	知识是无形的	知识是有形的
学习过程	无意识的、自然的	有意识的、正式的

二、自然顺序假说

克拉申提出的这一假说主要强调语言结构的习得需要一定顺序，即根据特定的顺序来习得语法规则与结构。当然，这也在第二语言习得中适用。

在法语作为第二语言习得过程中，人们对进行法语教学基础理论诠释及创新视角研究时的掌握是最早的，过去时是比较晚的，对名词复数的掌握是比较早的，对名词所有格的掌握是比较晚的。

研究发现，正如第一语言习得一样，第二语言习得也揭示出一种可以预见的语言习得顺序规律。学习者对某些规则掌握的快慢并不仅仅由规则的简单或复杂决定。最简单的规则不一定是最先习得的规则。即使在第二语言教学的课堂上，同样存在这种自然顺序。无论是否接受正规课堂教学，外语学习者总是以一种大致相同的顺序来习得第二语言。

三、监控假说

克拉申的监控假说区分了习得与学得的作用。前者主要用于输出语言，对自己的语感加以培养，在交际中能够有效运用语言。后者主要用于对语言进行监控，从而检测出是否运用了恰当的语言。

同时，克拉申认为学得的监控是有限的，受一些条件的影响和制约，具体归纳为如下三点。

第一，需要时间的充裕。

第二，需要关注语言形式，而不是语言意义。

第三，需要了解和把握语言规则。

在这些条件的制约下，克拉申将对学生的监控情况划分为三种。

第一，监控不足的学生。

第二，监控适中的学生。

第三，监控过度的学生。

四、输入假说

输入假说也是由克拉申提出的重要语言习得理论。他认为，只有习得者接触到"可理解的语言输入",即比现有的语言技能水平略高,而他又将注意力集中在对意义或对信息的理解而不是对形式的理解上时,才能产生习得。这一理论的公式为:i+1(i表示习得者现有的语言技能水平,1表示略高于习得者现有水平的语言材料)。

克拉申的输入假设和斯温(Swain)的输出假设是从两个不同的侧面来讨论语言习得的观点,都有其合理成分,都对外语教学有一定的启示。与克拉申的输入假设不同,斯温认为,输出对二语习得的影响更大。斯温根据自己的"沉浸式"教学实验,提出了输出假设。

斯温认为语言输入是二语习得的必要条件,但不是充分条件;要使学习者达到较高的外语水平,除了靠可理解性输入,还需要可理解性输出;学生需要被迫利用现有语言资源,对将要输出的语言进行构思,保证其更恰当、更准确,并能被听者理解。这样既可以提高学习者语言使用的流利程度,又能使他们意识到自己在使用语言的过程中存在的问题。因此,在外语课堂教学中,教师应给学生足够的时间和机会使用语言,以提高他们使用语言的流利性和准确性。

克拉申指出,学习者要想获得"可理解性输入",就要把握好输入的度,既不能过于简单,使他们不能突破,也不能过于困难,使他们不能理解。可理解性输入的公式为:i+1。其中,i代表学习者现有的语言能力,1代表略高于现有语言能力的信息。

输入假说的内容主要有以下几点。

其一,与习得有着紧密关系而非学得。其二,掌握现有的语言规则是前提条件。其三,i+1模式会自动融入理解中。其四,语言能力是自然形成的。

五、情感过滤假说

"情感过滤"是一种内在的处理系统,它在潜意识上以心理学家们称之为"情感"的因素阻止学习者对语言的吸收,它是阻止学习者完全消化其在学习中所获得的综合输入内容的一种心理障碍。

克拉申的情感过滤假说是指在第二语言习得中,将情感纳入进去。也就是说,自尊心、动机等情感因素会对第二语言习得产生重要影响。

克拉申把他的二语习得理论主要归纳为两条：习得比学习更重要；为了习得第二语言，两个条件是必需的：可理解的输入（i+1）和较低的情感过滤。克拉申用以下九条论据来证明他的语言监控理论。

其一，人们用"母亲语"（motherese）或"保姆语"（caretakertalk）跟孩子谈话。这两种谈话都以"此时此地"（here and now）原则而不以远指抽象的原则来进行，其目的是向孩子提供足够的可理解的输入。

其二，人们以特殊的话语与二语学习者谈话。这种谈话包括"教师语言"（teacher talk）和"外国人话语"（foreigner talk）两种方式。这两种谈话方式都以语句简短、语法简单、句意明了为特点，其目的当然也是向二语学习者提供i+1的输入方式。

其三，二语学习者经常经历"沉默期"（silent period）。克拉申发现很多刚一进入第二语言环境的学习者都要经过一定的沉默期。

其四，未成年人与成人学习第二语言的不同成功期与可理解性输入相关。克拉申在研究中发现，成人在短期内的二语学习要比未成年人好得多；而从长期来看，未成年人的二语学习要优于成人。他的解释是：短期内因为成人拥有更多的外部世界经历，其可理解性输入要比未成年人习得的更多；长远来看，未成年人的情感过滤低，心理障碍小，因而外语的效果要优于成人。

其五，可理解性输入越多，对第二语言的运用越好。克拉申认为，阅读理解能力的提高是由于大量阅读的缘故，纯粹的二语环境如果不被学习者所理解，则对二语学习者语言能力的提高毫无用处。

其六，可理解性输入的缺乏会延迟语言的习得。父母亲是盲人或聋哑人的孩子通常在习得语言时要晚于其他孩子，这是因为缺少适当的可理解性输入的缘故。

其七，教学法的成功与否和可理解性输入密切相关。克拉申在一些研究中发现，以听、读为主的教学方法在语言教学中要明显好于传统的以说为主的教学法，这也是因为以听、读为主的教学法不仅提供可理解的听的输入，也提供可理解的书面文字的输入。

其八，沉浸式教学法（immersion teaching）的成功在于其提供了可理解性输入。沉浸式教学法即在二语学习课堂上只用第二语言的教学方法，克拉申认为其成功的缘由在于大量的可理解性输入。

其九，双语教学的成功也证明了可理解性输入的重要性。总之，语言监控理论对外语教学有着一定启示。根据克拉申的外语教学理论，进行外语教学时应该尽量向学生提供可理解的语言输入，为学生习得语言创造一个有利的环境。教师也应该使用一切手段来增加语言输入的可理解性，如教师可采用直观的教具来辅助教学，也可以按照学生水平，使用不同的词汇和语言结构来教学。另外，教师还可以创造一个轻松愉快的学习气氛，只有这样，语言输入才能更有效地为大脑吸收。因此，不要强加压力于学生。

第三节 结构主义语言学

结构主义语言学是20世纪在西方颇为盛行的一种语言学派，发端于索绪尔（Saussure，1857—1913）的语言学说，一般公认索绪尔是结构主义语言学的开创者，奠定了结构主义语言学的基本框架。之后，整个20世纪的语言学都是在结构主义语言学的旗帜下进行的。

结构主义语言学以索绪尔的语言思想为基础不断发展、流变，在欧洲和美国掀起了结构主义语言学研究的热潮，结构主义语言学派有三个主要支派：第一个支派是以特鲁别茨柯依、雅科布逊为代表的布拉格学派，又称"布拉格音位学学派"；第二个支派是以耶姆斯列夫为代表的哥本哈根学派，又称"语符学派"；第三个支派是以布龙菲尔德等为代表的美国结构主义语言学派亦称"美国描写语言学派"。

一、索绪尔的语言学思想

瑞士语言学家索绪尔是现代语言学的重要奠基者，也是结构主义语言学的开创者之一，被后人尊称为现代语言学之父、结构主义的鼻祖。1916年出版的《普通语言学教程》是索绪尔的代表性著作，集中体现了他的语言学基本思想，对20世纪的现代语言学研究产生了深远的影响。索绪尔的语言学观主要包含以下几组概念，这些概念既相互对立，又内在统一，构成了索绪尔辩证统一的语言哲学思想，为结构主义语言学的发展奠定了基调。

（一）"语言"与"言语"

索绪尔将语言能力和语言的实际现象划分为"语言"（langue）和"言语"（parole）两部分。语言属于社会现象，不受个人意志的支配和选择，是社会成员共有的社会心理现象，每个社团都有其独特的语言系统，社团中的个体在成长过程中不断被教授各种语音、词汇、语法并表达、理解他们的语言。言语属于个体现象，是言语活动中个人能够支配和选择的表达方式，带有个人发音、用词、造句的特点。

语言与言语具有普遍性和特殊性关系，了解个人的言语行为，就能推论形成整个社团语言的社会因素，同一社团中的个人言语一定受到整个社团语言的影响，这种社团语言是社团中每个个体储存在大脑中的语法系统共同形成、统一作用的结果，是可以互通的。简而言之，语言是静态的、社会的、抽象的、有限的，而言语是动态的、个人的、具体的、无限的。语言存在于言语之中，是言语的基础，也是对言语的高度概括，言语是基于语言规范的具体表现形式，也是运用语言的结果。

（二）"能指"与"所指"

索绪尔认为语言是一个符号系统（symbolie system），符号由能指（signifier）和所指（signified）两部分组成。能指是声音的心理印迹，或音响形象，所指是概念。当一个人通过嘴、声带和舌头发出的声音用于交流和表达思想时才会被视为语言，否则声音是无意义的，或者只能是噪音而已。所谓的符号就是形式和意义的联合，也就是索绪尔所称的"能指与所指"。如果语言形式和意义组成语言符号，形式与意义并非彼此分离，只有赋予意义的形式才具有语言的交际性特征，意义也必须借助形式去表达，那么能指与所指作为构成符号的两个组成部分，只有相互结合才能得以存在。

索绪尔在能指与所指的二元论基础上提出了语言的任意性特征，他认为，形式与意义即能指与所指之间没有自然的联系，比如，英语单词"apple"的发音与字母组合与其"苹果"的概念之间没有自然的联系，其他语言也会用不同的形式和声音表达"苹果"这个概念。任意性赋予了语言无穷的创造性，可以任意创造无限的词汇。与任意性对立的是约定性，即符号与意义之间存在约定俗成的规则。

(三)"历时"研究与"共时"研究

索绪尔从语言研究方法角度提出了"历时"(diachronic)和"共时"(synchronic)两个术语。历时研究是从动态、纵向的视角考察语言的结构、形态以及演化规律;共时研究是从静态、横向的视角考察语言的特点。索绪尔认为,研究语言不仅应该开展历时性的研究,而且应该根据语言个别部分之间的关系进行共时性的研究。共时性研究就是从一个时期语言的横断面来研究这个语言,而历时性研究则是从一种语言的历史发展过程来考察这个语言。共时研究就好像是树轮的横切面,众多的横切面(共时研究)就构成了树轮(历时研究)。

共时和历时既相互区别又相互联系,两者有着辩证统一的关系,两者结合能反映语言的全貌。区分语言的历时研究和共时研究,与语言符号的可变性和不变性特性有关,语言符号一方面是可变的,另一方面是不可变的,对这个问题的解释涉及语言的任意性、规约性和社会性关系。如果不考虑语言发展的历史,语言符号的能指与所指之间的联系是任意的、自由的、不可变的,但是语言发展随着时间的推移,加之受语言使用社团成员之间社会关系的影响,语言符号一定具有规约性,又是可变的,这也是区分历史语言学与共时语言学的前提。

(四)"组合关系"与"聚合关系"

索绪尔认为符号与符号之间存在着"组合关系"(syntagmatic)和"聚合关系"(paradigmatic)两种关系类型。组合关系指一个单位和同一序列中的其他单位之间的关系或者说是在现场的所有成分之间的关系,它是构成同一形式、序列或结构要素之间横向的组合关系,从线性的不同位置考察现场成分之间相互如何搭配。处于组合关系中的词必须满足句法和语义条件,否则,就是不合乎规范的句子,例如,"The girl is having dinner." 是符合组合关系的句子,语义清楚,但如果任意搭配为"Dinner is having the girl." 既违反句法规则的组合关系,语义也不符合逻辑常理。

聚合关系是指在结构的某个位置上彼此可以相互替换的成分之间的关系,或者是在现场的成分与不在现场的成分之间的关系,例如 The ____ is crying 在这个句子的空白位置最可能出现的是名词不可能是动词,但名词也有限制唯独有生命的名词才可能与"cry"这个动词连用,而且由于谓语动词的限制,只能使用名词的单数形式不能使用复数形式。也就是说在这个语境中，处于聚合关系且又不违反句法规则的名词只能是像 student boy，old man 这样的词。从语言序列的布局结构看，组合关系就是水平（horizontal）关系或链状（chain）关系，聚合关系就是垂直（vertical）关系或选择（choice）关系。索绪尔认为组合和聚合这两种关系适用于语言的音系、形态和句法等各个层面。

索绪尔把人类语言看作一种非常复杂而且异质的现象，并从许多不同甚至互相冲突的角度考察语言的本质特征，廓清了语言学作为一门科学所要研究的对象。表面上看这几组概念相互矛盾、对立，实质上体现了索绪尔辩证统一的哲学思想，便于从同一事物的正反两方面认识语言的发展规律，帮助人们从整体到具体解释语言现象，从具体言语事实揭示语言本质，进而全面认识语言内部系统的构成要素和外部的影响因素，研究语言与民族、文化、地理、历史等方面的关系。

二、布拉格学派

布拉格学派（the Prague School），又称"功能语言学派"。布拉格学派主张共时语言学研究，从"功能"的角度看待语言，把语言视为一种"功能"，是语言社团成员完成一系列基本职责和任务的工具，强调语言的系统性属性，反对孤立分析语言系统中各成分之间的关系。布拉格学派最突出的贡献是创立了音位学说并区分了语音学和音位学，这一领域最具影响力的学者是特鲁别茨柯依（Trubeskoy，1890—1938），他沿用索绪尔语言与言语理论提出语音学属于"言语"而音位学属于"语言"，音位就是若干个功能的总和，当声音被赋予意义功能时也可以归为音位，并运用组合关系和聚合关系解释音位间的相互依赖关系。

布拉格学派主张语言是交际的工具，必须把语言结构与功能结合起来分析评价语言，强调从功能角度用主位（theme）和述位（rheme）来分析句子结构。主位是指交际双方共同知道的已知信息，是话语的出发点，述位是指说话者陈述的有关涉及话语起点内容的核心信息，也是听话人需要获得的新信息。主位与述位并不完全等同于句子的主语与谓语，前者聚焦语言信息的分布，后者关注语言的结构。因此主位和述位理论是对语言结构研究的有机补充，将语言形式与意义完整组合以赋予语言的整体研究，为语言篇章的生成、解读奠定了理论基础。

三、哥本哈根学派

哥本哈根学派（the Copenhagen School），又称为"丹麦学派"或"语符学学派"（Glossematics），这个学派的诞生以哥本哈根语言学会的成立为标志，其代表人物是耶姆斯列夫（L.Hjelmslev，1899—1965）。哥本哈根学派继承了索绪尔关于语言是一个符号系统、语言是形式等观点，并进一步加以发展形成了与布拉格学派不同的结构主义语言学派。该学派偏重纯理论研究，通过语言形式分析，以研究语言的符号性质和语言在人文科学中的地位为主要出发点，形成了严密的语符学理论体系。语符学认为，语言符号是由内容形式和表达形式构成的单位，研究语言单位内部各成分之间的关系才有价值。

哥本哈根学派试图把语言学与数理逻辑结合起来，建构独立、精确的语言科学，但由于其采用"假设—推理"的纯理论研究方法，不太关照具体的语言事实，影响相对较少。但他们在纯理论语言学研究方面的努力影响了欧美语言学的发展，成为后来的主要研究倾向，如乔姆斯基语言学理论。

四、美国结构主义语言学派

美国结构主义语言学派（American Structuralist Linguistics），又称美国描写语言学（American Descriptive Linguistics），是结构主义语言学三大支派中影响最深刻、最久远的学派，对整个结构主义语言学的发展贡献最大，对我国外语教学理论与实践研究的启示与借鉴作用也最大。按照索绪尔的共时语言学与历时语言学归类，美国结构主义语言学属于共时语言学的一个分支，诞生于20世纪的美国，其研究路径完全不同于欧洲的语言研究传统。在欧洲，每个国家都有自己的语言，而且历史悠久、文化丰富；而在美国，英语是占统治地位的语言，语种少。另外最早在美国进行语言研究的是人类学家，他们发现印第安人的土著语言没有任何文字记载，而且这些土著语言分属不同语系，差异极大。记录和描写这些濒临消失的语言是语言研究的当务之急，这或许是美国结构主义语言学亦称"美国描写语言学"的可能缘由。

（一）美国结构主义语言学的雏形

美国结构主义语言学大体上可划分为三个主要阶段：鲍阿斯（Boas）和萨丕

尔（Sapir）时期、布龙菲尔德（Bloomfield）时期、海里斯（Harris）时期。人类学家鲍阿斯在调查描写印第安人土著语言的基础上提出了描写语言学的框架和研究方法。他认为语言描写包括语言的语音、语言表达的语义范畴和表达语义的语法组合过程三个部分，语言学家的重要任务是概括各种语言的特殊结构和分析各种语言的特殊语法范畴。鲍阿斯的语言研究方法以分析、描写为主而不采用不同语言间的对比。

萨丕尔从人类学的角度出发描写了语言的特点及其发展，其语言思想后来被他的学生沃尔夫（Whorf）继续发展，成为著名的"萨丕尔—沃尔夫假说"（theSapir-Whorf hypothesis）。假说提出了语言与思维的关系，基本内容是语言决定论（linguistic determination），即语言决定思维、信念、态度，以及语言相对论（linguistic reletivity），即思维与语言背景有关，语言不同的人思维不同，思维也不可能脱离语言存在。

鲍阿斯和萨丕尔用严格的描写程序记录了印第安语语言成为美国结构主义语言学的雏形。1933年美国语言学家布龙菲尔德发表了《语言论》，奠定了美国结构主义语言学的认识论和方法论框架，后来一大批知名的语言学家如弗里斯（Fries）、海里斯（Harris）、霍凯特（Hockett）等在此基础上发展创新了布龙菲尔德的理论，完整呈现了美国结构主义语言学的内涵与外延。

（二）布龙菲尔德理论

布龙菲尔德（1887—1949）是美国结构主义语言学的主要代表，也是美国语言学研究历史上的标志性人物，其影响较大，以致1933年至1950年被称为"布龙菲尔德时代"，有人把"美国结构语言学"称为"布龙菲尔德结构主义"（Bloomfield Structuralism）。布龙菲尔德的语言理论除了受索绪尔的语言哲学思想以及美国早期的语言描写研究，如鲍阿斯和萨丕尔的影响外，行为主义心理学对其理论的形成影响颇深，并站在心理学的立场上解释了语言现象，认为语言的学习和使用都是一个"刺激—反应"的过程。

布龙菲尔德在其标志性著作《语言论》中用一个实例描述了"刺激—反应"的语言过程：假设杰克和他的女朋友吉尔正在散步。吉尔饿了，她看到树上有苹果就发出了声音。结果杰克越过围墙爬上树摘下苹果，递给吉尔。这一系列的行为就是刺激和反应，整个故事被分为言语行为之前的实际事件、言语和言语行为之后的事件三个组成部分。言语行为之前的事件，如吉尔饿了、看到树上有苹果以及她和杰克的关系等都是刺激（stimulation）；吉尔发出的声音就是言语；言语行为之后的实际事件就是杰克的反应（reaction），即摘下苹果让吉尔吃了。

布龙菲尔德在故事的基础上提出了著名的S—r…s—R公式，S指外部刺激，r指言语反应或言语的替代性反应（如声音），s指语言的替代性刺激，R指实际反应。值得注意的是布龙菲尔德的刺激—反应（Stimulus-Reaction；S → R in brief）之间存在的语言的作用，语言作为反应物或刺激物撮合了外部刺激和实际反应的过程或者说刺激与反应之间需要语言作为中介，语言可以是言语行为（说话），也可以是非言语行为（如声音、体态语等）。

布龙菲尔德深受行为主义心理学理论的影响，主张语言也是通过"刺激—反应"而获得并不是一种本能。布龙菲尔德对语言的研究集中表现在以下两个方面。

（1）语言是用于交际的一套符号系统，语言知识就是关于这套符号系统的知识，会讲某种语言就是会使用这种语言的符号系统。布龙菲尔德坚决反对用个体的内在精神、意志或者心理来解释语言行为，语言既不是本能也不是直觉，是在外部条件的刺激下形成的实际行为反应。因此，语言教学就是学习者在被"刺激—反应"的作用下不断强化训练而学得的语言形式，是语言学习最重要的维度。

（2）作为语言的符号系统没有限定或者说什么样的符号系统可以成为人类语言是没有限定的，语言是在没有任何限定的情况下"约定俗成的"，这种约定俗成的语言符号规则依靠反复模仿、机械记忆的方式获得，记忆的数量决定了学习者交际时能够使用的语言数量和质量。

布龙菲尔德的结构主义语言学理论在今天看来并不得当，但当时能冲破天赋本能的藩篱承认后天和个体在学习中的作用，需要巨大的勇气和研究造诣，这为后来语言学的研究和语言教学的发展开拓了思路，同时也遭到了语言天赋论者的强烈反驳。该学说过分强化机械记忆的作用，显然是忽视了学习者主体的认知能动作用，同时，单纯的缺乏认知的记忆被保存的可能以及被保存的时间都受到限制，仅靠学习者外部的模仿活动也没办法达成理解、内化等内部语言学习活动，没有内化的知识被使用时没有灵活性，只能照搬和复制，学习者没有能力和机会根据具体的交际情景和交际对象选择得体的语言形式交际也是程式化的，并且生硬、刻板。

第四节 交际功能理论

结构主义语言学把语言习得视为通过刺激—反应强化而形成的习惯,这一认识受到美国语言学家乔姆斯基的强烈反驳,他认为语言不是一个习惯形成的过程而是一个建立和验证假设的过程,并创立转换—生成语言学(transforma-tional-generational linguistics),用深层结构、表层结构和转换规则描写句子的结构。尽管乔姆斯基本人并不认为他的理论代表语言使用的实际情况,但很多应用语言学家还是发现转换—生成语法为语言教学提供了有用的思路,比如具有相同深层结构的句式之间有密切的关系,为设计教学材料提供了便利,而且转换规则有助于解释复杂的句子结构。转换生成语法从心理学角度研究语言,很少关注语言与社会的紧密关系,而功能语言学却走上了相反的路子,从社会角度研究语言的本质。功能语言学是交际语言教学的重要理论基础。

一、功能语言学

功能语言学,又称"系统功能语言学"(system-functional linguistics),是英国著名语言学家韩礼德(Halliday)创立的语言学派。功能语言学把语言视为现实交往中实现多重功能的一种工具,不仅研究语言的性质、语言过程和语言的共同特点等根本性问题,而且探讨语言学的应用问题。韩礼德认为,学习语言就是学习如何表达意义(meaning),为了表达意义,学习者必须掌握一整套语言功能,而这些语言功能与语言中的句子形式有直接的关系,或者说,语言形式就是实现语言功能的手段,语言形式、意义以及语言功能就是一个系统,人类选择语言形式表达意义实现交际功能。反过来,语言的功能必须通过具有意义的语言形式去完成,形式、意义、功能三者是一个统一体。显然,功能语言学研究的领域比结构语言学和转换—生成语言学更广阔,对语言的本质属性认识更全面,研究视角更丰富。功能语言学的思想对语言交际观的形成有深刻的影响。

(一)重视语言的社会功能及实现

语言研究主要从语言内部与语言外部两个视角进行。结构主义语言学研究语言单位内部各成分之间的分布关系及特征,关注语言本身,没有关照语言如何使用，也就是说把语言形式的习得与语言的意义，以及不同社会情境中语言形式表达的意义割裂开来。转换—生成语言学同样关注语言内部的结构，并从心理学角度描写语言内部结构如何生成及其转换规律。功能语言学从语言外部，即社会的角度考察并揭示语言的本质，探讨语言在使用中的社会功能，阐明语言的社会学意义。语言是人与人之间交流的手段，离开语言使用的社会环境，无法探讨语言，一种语言形式在特定的语境中有不同的语言意义，实现不同的社会功能，即使在同一语境中，一个语言形式可能也有不同的意义。也就是说，语言形式的意义是由社会环境决定的。因此功能语言学拓宽了语言研究的范围，把语言形式以及形式在社会语境中产生的意义与功能研究统一起来，辩证地解释语言存在的本质，去发现和描写由于社会情境和说话人的情况不同而产生的各种语言形式变体，以及这些变体与社会功能之间的关系。

功能语言学研究可以直接应用于社会语言学和语言教学。学习语言的终极目的是交际，交际一定离不开语言使用的情境，情景才能赋予语言形式的交际意义，脱离语境的语言形式教学等于承认形式与意义之间完全对等，把语言形式的字面意义等同于情景意义。而且孤立地学习语言形式，学习者对语言形式的选择完全依靠的是语言本身的规则，没有关照也不可能关照语言使用中的语境规则，其结果就是虽然语言形式正确，但使用不得体，既没有传递出说话者的意思，也没有实现说话者想通过语言表述的交际意图，即功能。另外，语言形式本身就有多个意义，这些意义只有在交际情境中才能被准确推理，离开情景的形式只是语言自身的字面意义，这种字面意义与语言形式运用于交际情景产生的意义不一样甚至大相径庭。概而言之，语言形式只有放置于交际情景中才能产生交际者想要获得的意义，也才有可能被交际者解读出交际意义，进而实现信息的沟通与交换，达到交际的目的，这就是语言是交际的工具本质。可见，"功能"这一概念的提出，对语言教学有多么重要的意义，否则学习者学得那么多的语言形式，既不知道往哪里用（社会环境），也不知道怎样用（社会环境选择形式），更不知道什么意思（社会环境决定了语言形式负载的意义）。

（二）以"社会—语义"为研究视角

功能语言学强调的是语言功能而不是语言结构，对语言和语言行为并不区分，中心概念是语义潜势，即人使用语言时所能表达的意义。语言是"做事"的一种方式而不是"知识"模式，或者说，语言是一种行为潜势，是动态的而不是静态的，语义潜势就是行为潜势的语言表现，亦称"语言行为潜势"（linguistic behavior potential）。韩礼德认为，语言是文化和社会所允许的选择范围，也就是在语言行为上所能够做的事情的范围。所以，所谓"语言"就是讲话人"能做"（can do）什么，用语言能做什么不仅仅是语言本身，还包含语言行为以外的社会行为即语言与环境的关系。功能语言学的观点为了解语言的性质提供了新的视角，强调语言在社会结构中具有的功能。

功能语言学把语言当作社会行为进行研究不仅关系到对社会结构的理解，而且关系到对语言本身的理解，韩礼德提出概念功能、人际功能和语篇功能三个重要功能概念。概念功能（ideational function）是语言内容的功能，表达周围环境的各种现象，语言是对存在于主客观世界的过程和事物的反映，建立于说话人对外部世界和内心世界的经验，涉及语言的内容意义和表达功能的语言手段（形式）以及两者之间的逻辑关系。人际功能（interpersonal function）是语言参与社会交往的功能，表现人与人、人与情景相关的角色之间的关系以及语言形式在交际情境中产生的实际意义，体现了用语言做事情的思想。语篇功能（textual function）表达语言与情景的关系，描述语言文本在宏观的社会情境和微观上下文语境中的意义及其所传递的交际功能。韩礼德认为，实际使用中的语言基本单位不是词或句，而是表达相对完整思想的"语篇"（text），概念功能和人际功能最后要由说话人把它们组织成语篇才能实现，这就是语篇功能。语篇功能促使语言和语境发生联系，使说话人只产生与语境相一致的语篇。概念意义和人际意义只有和语篇意义相结合，才能得以实现交际功能。因此概念功能、人际功能、语篇功能三者有机统一构成了语言系统，这三种功能是语言的"元功能"（metal function），而且这三种功能与语境中的三个要素——语场、语指和语式相联系并为它们所激活。

（三）以"系统"为基本范畴

韩礼德把语言看作一套系统，每一个系统就是语言行为中的一套可供选择的可能性即在特定环境中可以选用的一组语言形式。"系统"（systemic）这个概念是系统—功能语言学的出发点，也是区别于其他语言理论的根本范畴。索绪尔最早对语言的系统概念做了全面阐述，其核心思想可以归结为三点：语言系统的社会历史性，语言存在于共同的语言社团，受历史因素的支配，并不以个体的意志而转移；语言是一种符号系统；语言系统的共时价值关系。随后哥本哈根学派代表人耶姆斯列夫在索绪尔系统思想的基础上进一步阐述了系统的概念，对韩礼德系统学说影响最大的可能是他的导师弗斯（Firth，1890—1960）。另外，韩礼德教授师从罗常培先生和王力先生学习研究汉语音韵学，两位学者都是中国传统语言学和中国传统文化大师，中国哲学中的辩证思想对韩礼德系统学说的形成也有一定的启发作用。

韩礼德的系统思想把语言系统解释成一种可进行语义选择的网络系统，当有关系统的每个步骤逐一实现后，便可产生结构，语言的使用者实际上是在一组系统中进行语言形式选择，选择就生成意义，并且努力在社会交往中实现不同的语义功能。系统学说为语言学研究建立了整体观和开阔的视野。

二、交际理论

交际理论（communicative theories）发轫于功能—意念教学大纲，后蓬勃发展，逐渐成为方法时代语言教学的主流模式。我国从20世纪70年代末开始引进、介绍和推广交际教学法，对我国外语教学产生了深刻的影响，从交际教学思想中衍生出的任务型教学法是对交际教学理论的发展和丰富，至此外语教学结束了长期的方法时代，进入后方法时代。

交际理论是一门新兴的边缘交叉学科，人类学、社会学、心理学、教育学、语言学、认知科学等多个学科门类组成了交际理论的认识论基础。交际理论影响下的交际教学方法从诞生伊始就是非常复杂的混合体，内部各派林立，结构松散甚至对立，所以后人较少把交际教学方法视为教学流派，以区别于其他语言教学法流派，通常被称为"交际途径"（Communicative Approach）或"交际语言教学"（Communicative Language Teaching）。本章不是系统介绍交际理论，而是运用交际理论思想阐释、讨论外语教学的理论与实践。

（一）交际的概念与分类

现代汉语词典对交际的解释是：交际是人与人之间的交往，或人际往来。人际交往是一种社会现象，属于社会语言学范畴，受社会文化、价值观念和行为规范等整个社会环境所形成的有形或无形的物质或精神系统所制约。交际的英语词汇为 communication，源于拉丁语 communis，意为"共享""共有"。朗文英语词典（Longman Dictionary of Contemporary English）（1987）对 communicate 的解释是：to make（opinions feelings and information etc.）known and understood byothers e.g.by speech，writing or body movements；to share or exchange opinions，feelings information。据此交际就是通过口头语、书面语或身体运动（非言语行为）分享和交换观点、感知、信息相互理解、相互熟知的活动。

交际可以是人与人之间的面对面交流，也可以是信息间的传递、传播。也就是说，信息是人际交往的工具或手段，这种信息可以是语言的，也可以是非语言的。用语言信息交流就是言语交际（verbal communication），包括声音、文字、符号等；用非语言信息交流就是非言语交际（non-verbal communication），包括身体语言（body language）、体距（proximics）、人体特征（physical characteristics）、器物饰品（artifacts）、服饰（clothing）、环境（environment）等。身体语言包括眼神、手势语、面部表情、站姿、走姿等是无声的语言，能传递有效的交流信息，有时与语言信息交织，有时独立存在。体距可以预示交际者之间的身份特征、角色关系以及亲疏程度，比如陌生人之间的交流会保持相对的距离，熟人间交流时身体间距较小。人体特征特别是面部特征、相貌、体形都能表达相关的交际信息，形成交际"第一印象"。器物饰品可能会外显交际者的身份、地位以及价值取向。服饰更多显现交际者的职业倾向、审美情趣。交际环境对交际行为有强烈的暗示作用并影响交际效果。美国心理学家艾帕尔·柏拉别（A.Mehrabian）的研究表明，人类信息交流的总效果 =7% 的言语 +38% 的音调 +55% 的面部表情和动作。足见言语信息和非言语信息在人类交际中的重要性和比例结构。

使用外语进行交际是语际（inter-language）交际行为，涉及交际者母语与目的语之间的语码转换、重构等语言本身的问题，也涉及语言承载的文化以及语言使用环境等诸多因素的影响。因此，外语学习中的交际更多是跨文化交际（intercultural communication/cross-cultural communication）。培养学习者跨文化交际能力也是外语教学的价值取向和目标要求。

（二）交际语言教学观的形成

20世纪70年代初期，欧洲经济一体化趋势凸显，成立了欧洲经济共同体（European Economic Community），推动欧洲各国的文化和经济交往日益密切。文化和经济交往活动是深层次的交流，不同于简单的日常生活交流，对语言的要求很高，甚至需要专业的人才使用专门用途英语（English for Specific Purpose）进行信息沟通和交换。加之，欧洲各国语言种类繁多差异较大，语言隔阂成为文化和经济交往的主要障碍，社会进步与发展迫切需要通晓多种语言的外语人才，正是这一迫切的社会发展需求催生了交际途径的孕育。

对语言本质的不同认识也会形成不同的语言教学观。传统的语言研究把语言作为独立的符号着重研究语言的形式、规则和结构，而很少考虑语言在具体社会环境中的使用规律和语言受社会环境制约的各种变异因素。结构主义语言学家布龙菲尔德等更是把语言的社会功能排斥在语言研究之外，美国语言学家乔姆斯基的转换—生成学派也很少关注语言与社会环境之间的互动关系，关于语言内部规则的研究成果能运用于语言教学的研究较少。脱离语言使用环境的语言教学观显然忽视了真实社会环境中交际能力的培养，也不符合欧盟对语言能力的界定与需要。

20世纪60年代，语言学家重新审视传统语言研究的弊端，开始把语言置于社会中进行研究。社会语言学家改变以往语言研究重视形式、结构研究的传统，主张语言是社会的语言和社会的符号（a social semiotic），语言的社会交际功能是语言的最本质功能，也是认识、研究语言的最核心要素。有关言语交际过程的研究发现了交际过程的特点，一是交际具有双向性和多向性，交际双方或多方进行信息交换的同时表现出交际意图，即目的；二是交际者会依据社会规约创造性地选择和使用语言形式；三是真实的交际是交际者情意、情感与情景的互动，换句话说，语言交际与交际者的情感因素和交际场景密不可分；四是现实交际中的言语交际包含言语和非言语行为，两者配合使用；五是由于交际对象、社会地位和场景不同，运用语言的特点也不同。

美国社会语言学家海姆斯（Hymes）认为，学习语言不仅是能制造出合乎语法的句子，还包括能否恰当地使用语言进行交流，即语言的得体性，涉及语言、修辞、社会、文化、心理等多种因素，也包括一个人运用语言手段（口头语或书面语）和非语言手段（如体态语）来达到某一特定交际目的的能力。海姆斯针对乔姆斯基的"语言能力"（linguistic competence），首先提出了交际能力（communicative competence）概念。交际能力的内涵与英国功能语言学家韩礼德的"语义潜势"观点可能有异曲同工之妙。交际能力是指一个人对潜在语言知识和能力的运用,包括四个重要参数,即语法性、适合性、得体性和实际操作性。也就是说交际能力是一个人使用语言知识的能力,它不仅包括使用语言知识准确地表达意义的能力,还包括在不同的语境中选用不同的形式、方式进行表达以及表达是否得体的能力,不仅包括掌握语言形式规则,还要掌握语言使用的社会规则。由此可见,所谓"交际能力"是在具备一定语言能力的基础上,根据具体的交际语境、交际对象而采用恰当的会话技能来进行人际交流的能力,是一种你来我往的磋商过程。交际能力的理论基础是传播学。一般来说,交际者会在特定的文化范围内,以自己的本族语文化为出发点和参照物进行跨文化交际,并用本族语文化特征思考和评估目的语文化,对目的语文化带有鲜明的文化局限性和排他性,也常常会因为文化差异甚至冲突,造成跨文化交际障碍。

20世纪70年代在欧洲各国纷纷研究语言教学方法的基础上,1976年英国语言学家威尔金斯(Wilkins)发表了意念大纲(notional syllabus),随后,又提出意念—功能大纲(notional-functional syllabus),确立了交际语言教学在语言教学中的地位,交际语言教学也因此而得名功能法、意念法,语言教学课堂交际化倾向开始走向明朗。之后,许多语言研究专家著书立说,如威德森(Widdowson)的重要著作《Teaching Language as Communication》,布莱姆菲特(Brumfit)和约翰逊(Johnson)主编的论文集《The Communicative Approach to Language Teaching》等,为交际教学观的形成作出了重要的理论贡献。许多学者也从理论指导实践的角度探讨了语言教学交际思想在课堂教学中的方法,为一线教师提供了教学方法上的指南和参考,交际教学观指导下的教材也应运而生,形成了从理论研究到教材编写再到课堂教学的完整方法体系。

交际语言教学的理论基础主要源于功能语言学、社会语言学以及海姆斯的交际功能理论、威尔金斯的意念功能理论和其他语言学家的研究成果。由于缺乏系统严密的理论体系,交际教学途径虽然被广泛采纳,并演进为风靡一时的主流语言教学范式,但交际语言教学仍未获得与其他语言教学流派相提并论的地位,通常被界定为一种教学途径,或者一种教学模式,而没有成为一种语言教学流派。

第五节　元认知学习理论

1956年塔斯基（Tarski）引入元的概念，1976年，美国斯坦福大学弗拉维尔（Flavell）依据元的概念在《认知发展》中提出了元认知（metacognition）的概念。自此以后，元认知理论的研究和实践迅速在全球展开，影响深远。大量的实证研究表明：学生如果具有较高的元认知水平，就能有效地对自己的学习过程进行监控、调节，并能够提高学习的效率。

一、元认知的概念

元认知是弗拉维尔于1976年在认知心理学中提出的一个研究课题。自弗拉维尔提出元认知概念以来，研究者对元认知作了各自不同的界定。以下是一些比较有代表性且在各类元认知研究中被频繁引用的定义：

弗拉维尔（Flavell）认为，元认知是指"认知主体关于自己认知过程、认知结果及其相关活动的知识，其中包括对当前正在发生的认知过程（动态）和自我认知能力（静态）以及两者相互作用的认知，也包括对这些过程的积极监测和调控"。[1]

克鲁沃（Kluwe）认为，元认知是指认知主体对于自己及他人思维能力方面的知识，认知主体可以根据元认知来监控和调节自己的思维过程。[2]

布朗（Brown）认为元认知是"认知主体对自己知识的了解以及对自己认知系统的控制"。[3]

其中我们认为尤以元认知研究的开创者Flavell（弗拉维尔）所作的定义最具代表性。他认为元认知是一个人所具有的关于自己思维活动和学习活动的认知和监控。其核心是对认知的认知，也就是个人关于自己的认知过程及结果乃至相关活动知识，以及为完成某一具体目标或任务，依据认知对象对认知过程进行主动

---

[1] 吴红云，刘润清.写作元认知结构方程模型研究 [J].现代外语，2004（04）：370-377，437.
[2] 宋畅.学习策略训练与外语听力教学 [M].北京：中国书籍出版社，2017.
[3] 宋畅.学习策略训练与外语听力教学 [M].北京：中国书籍出版社，2017.

的监测以及连续的调节和协调。1981年，他对元认知作了更简练的概括：反映或调节认知活动的任一方面的知识或认知活动。

总之，研究者普遍认为元认知既是一个静态的概念，又是一个动态的过程，这一概念包含两方面的内容：一是有关认知的知识，二是对认知的调节。也就是说，一方面，元认知是一个知识实体，它包含关于静态的认知能力、动态的认知活动等知识；另一方面，元认知也是一种过程，即对当前认知活动的意识过程、调节过程。作为"关于认知的认知"，元认知被认为是认知活动的核心，在认知活动中起着重要作用。元认知内容包括元认知知识、元认知体验、元认知监控。

二、元认知内容

（一）元认知知识

元认知知识是指哪些因素会对学习过程产生各种影响的知识。这些因素主要有三个：

1. 有关个人作为学习者的知识

例如，关于个体内差异的认识：正确认识自己的兴趣、爱好、能力及限度或弱点；关于个体间差异的认知：知道自己与他人之间在认知上存在着种种差异；关于影响认知活动的各种主体因素的认知：知道注意在认知活动中的重要性，知道人的认知能力可以改变等。

2. 学习对象相关的知识

例如，在学习材料方面，主体应当知道材料的性质、结构特点、呈现方式、新颖性及其分量等因素都会影响认知活动的进行和结果。在认知任务、目标方面，主体须明确不同的认知活动有不同的任务和目的，要求"回忆"一篇课文比"再认"它要难得多。

3. 学习策略方面的知识

例如，进行认知活动有哪些策略，各种策略有何优缺点，应用它们需要什么条件和情景，对于不同的认知活动和任务，采用什么策略最有效等。

元认知知识的这三个方面是密切联系在一起的。

（二）元认知体验

元认知体验是伴随着元认知活动而产生的情绪体验。有哪些环境容易产生元认知体验呢？（1）很新颖或者有新意的环境。比如第一次去长城，能产生惊叹、满足情绪。（2）唤起激昂情绪和引发高度思考的环境。比如学生创编空竹动作，并且成功地完成，这时他产生的是兴奋情绪、成就感。（3）有风险的情境。在平日学习生活中，学生会有许多情绪体验。比如学生在写作业时通过检查，发现自己都做正确了，能够产生成功感和愉悦情绪；若发现自己错误很多，或者有不该发生的错误，就会产生责备感。因此，教师要帮助学生正确对待元认知活动的结果，学会控制和调节自己的情绪。

（三）元认知监控

元认知监控指个体在认知活动进行的过程中，为达到预定的目标，借助元认知体验，运用元认知知识，对认知活动不断进行积极、自觉的监控和调节。元认知监控就是对自己的学习活动进行不断的控制和管理，这是元认知的核心，一般包括制订计划、执行控制、检查结果、补救。

在进行实践活动之前，制订计划可以视为一种监督措施。如果我们没能选用适当的方式实施计划，那么这个计划的价值也就荡然无存了。尽管计划是提前制订的，但是由于形势一直在变化，所以必须根据具体情况作出相应调整。对于活动的总结，我们需要进行监测以确保其顺利进行。在发现问题时，需要采用有针对性的措施来解决。

在实际的认知活动中，元认知知识、元认知体验和元认知监控是相互联系、相互制约、相互影响、相互作用的。首先，元认知知识能够帮助个体实现更好的元认知监控，即使个体能够自我监控、评估、选择、修改或放弃认知任务和策略。此外，它还能够增强相关的元认知体验；其次，元认知体验对元认知知识和元认知监控也有非常重要的作用，通过元认知体验，人们会被激发内在动力去调节自己的元认知，同时也会更好地理解和应用元认知知识；再次，元认知监控一方面通过元认知知识和元认知体验而进行，即以元认知知识为基础，并受到元认知体验的激发和指引，另一方面又使人们产生更丰富的元认知体验，获得更多的元认知知识。三者动态有机结合便构成了个人认知结构中的一个统一整体——元认知。

三、元认知的特点

（一）可陈述性（stateable）

对元认知的可陈述性特征，研究人员并没有达成共识。一些研究者从人类的生物特征和人类具有的"意识"能力等角度来阐述元认知的可陈述性特征。我们毕竟是能说话的生物，换言之，我们有某种"打印机制"（print-out faculty）。对进入自己意识中的认知过程，我们能够通过内省（introspection）或回顾（retrospection）的方式陈述出来。有研究者指出，人类主要特征就是具有对自己的思想和行为进行反思的能力，对自己的学习过程也能够进行检测，而且还可以判断我们学到了什么，并预测行为的后果。自我反思构成人类意识的基础。研究者还强调意识是元认知判断和元认知体验的必要条件。而且，许多有趣的认知活动会伴随着丰富的意识内容。也有研究者指出，学习者通常能记住老师或父母有关学习方法方面的教导，他们也能够对学习过程进行反思和描述。所以，学习者能够将元认知知识带入意识之中，并陈述这些知识，由此可知元认知知识具有可陈述性。

（二）发展性（developmental）

元认知不是人天生就有的，而是在长期的学习活动中逐步发展起来的。它的发展体现出以下特点：

1. 随年龄的增长而增长

随着经验积累，个体逐渐培养起元认知能力。例如，弗拉维尔和他的团队进行了一项研究，选取了 12 张图片，测试了幼儿、学前儿童、小学二年级、三年级和成年人五个不同年龄段的受试者，测量他们的实际记忆广度和预期记忆广度。研究显示，成年人能够很准确地评估自己的记忆广度。实际测量值（5.5）与他们的预期值（5.9）之间的差异非常小。然而，随着年龄增长，不同年龄段的人对于自己的期望与实际表现之间的差距逐渐缩小。这意味着随着年龄增长，人们逐渐意识到自己的思维方式。

2. 从外控到内控

在缺乏元认知能力的阶段，孩子的学习常常需要在教师或家长的指导、要求和监督下进行。在缺乏成人指导和安排的情况下，他们通常会感到手足无措。随着熟悉掌握学习规律和材料，以及丰富有关策略知识和更多的自我调控经验，这些人逐渐发展出了从无到有、由低到高的学习自我调节能力。

3. 从无意识到有意识再到自动化

从意识的角度来看，未成年人尤其是孩童的元认知发展经历了无意识到有意识再到自动化的进程。最初，他们毫无监控的学习活动的经历与体验，往往是由于无意识的或不自觉的自我监控，获得了成效而强化了再次的体验与监控，从而逐步从无意识转化为有意识。随着有意识的经常运用，这种需要极大意志的努力及足够注意的自我观察、自我判断、自我控制逐渐变得娴熟起来，最后达到几乎不需再作有意识的选择和努力，或仅需少量注意就能自然而然地操作，达到自动化的程度。

4. 从局部到整体

未成年人对学习活动的自我观察与监控，最初常常只是针对学习活动中的某一环节、某一侧面或某一学科内容进行的。随着未成年人在这些领域的成功及元认知知识与体验的增加，他们的自我观察、自我监控才不断从某一环节扩展到学习的整个过程，并迁移到不同的学科内容上。

（三）动态性（dynamic）

目前，学界主要从元认知的构成及其在认知过程中的作用方面，阐述元认知的动态性。例如，马佐尼（Mazzoni）提出，元认知由元认知知识和元认知监控构成。元认知知识指认知主体对认知过程和认知状态的知识和信念。而元认知监控对认知过程起着调节作用，具有动态性特点。尼尔森（Nelson）和纳伦森（Narens）则将元认知描述成一个监督管理（supervisory）或执行（executive）系统。这种执行系统负责评估认知状态，启动（initiating）和评估认知过程，并对认知过程进行引导（directing）和修改（modifying）。元认知这一动态构成对认知过程发挥着评估（或监测）和调控（或控制）两种作用。布朗（Brown）则通过分析元认知在认知活动过程中的四项作用，阐述了元认知的动态性：对知识问题的意识；计划并实施解决问题的策略；预测认知行为；监控并调节正在进行的认知活动。佛里斯特·布莱斯利（Forrest-Pressley）和沃勒（Waller）通过对元认知作用过程的界定，同样指出了元认知的动态性特点：元认知过程就是引导认知过程、保证认知策略能够有效控制和执行过程。而埃弗森（Everson）和托比亚斯（Tobias）从学习过程的动态性角度来阐述元认知评估的重要性。他们认为，在课堂学习和其他有组织的知识培训课程学习过程中，随着知识和信息的不断积累和不断更新，学习都具有动态性特点。如果学习者能准确判断或区分已经掌握的知识和仍需要掌握的知识，就能更好地使用策略，达到更佳的学习效果。

四、元认知和认知的区别

尽管研究者从不同角度去界定元认知，但他们几乎都一致肯定了元认知与认知之间的密切关系，即：元认知的对象是人类信息加工系统与认知活动系统。同时，元认知被认为是对认知的认知，并且涉及认识一个认知目标是否已经达到。从本质上看，元认知反映认知主体对于自己"认知"的认知。但是，元认知与认知之间也存在复杂的相互作用关系。元认知和认知活动在终极目标上是一致的，即使认知主体完成认知任务，实现认知目标。而且，元认知知识可能同时包括元认知策略和认知策略，如略读（认知策略）一下某项指令（instruction）就是为了大致了解该指令的难度或记住指令，就属于元认知策略。元认知与认知之间的这种密切关系反过来使它们之间的区别变得模糊不清。但元认知与认知还是有其明显的区别之处，主要体现在元认知对认知的监控作用上。佛里斯特·布莱斯利（Forrest-Pressley）和沃勒（Waller）认为，"认知"指认知主体实际经历的过程或实际使用的策略，而"元认知"是指人们对自己认知活动的了解和控制（监测）认知活动的能力。元认知过程就是引导认知过程、促成认知策略有效使用的控制（control）或实施（executive）过程。有学者指出，元认知过程是内在的执行过程。元认知过程可以管理（supervise）和控制认知过程。例如，元认知可以使认知主体通过任务执行过程，对认知行为作出计划，并监控和评估认知行为。周海中和刘绍龙曾这样概述元认知对认知的作用："元认知是以认知为基础的更高一级的思维活动，它是对认知的反省或再加工，是对认知过程的抽象。"[①] 还有学者指出，通过元认知，人们可以更好地理解认知任务或问题的本质，并选择最佳的方法来

---

① 董燕萍，王初明. 中国的语言学研究与应用 庆祝桂诗春教授七十诞辰 [M]. 上海：上海外语教育出版社，2001.

完成任务，合理分配学习时间和方式，激发相关知识，并关注反馈信息，从而提高当前和未来的认知能力。因而，当认知主体掌握了元认知技能后，他们在知识运用方面会变得更加精准高效，这将提高他们的认知行为效能。

除了突出元认知在监控认知上起着作用之外，研究人员还强调了元认知和认知之间相互影响的关系。根据 Flavell（弗拉维尔）的言论，认知和元认知是相互关联和互相作用的，它们之间存在着相互依赖的关系。例如，我们会突然觉得自己并没有完全弄懂阅读材料（元认知体验），因此，我们会重新阅读该材料并查阅相关的解释材料（认知行为），以便确定哪些信息仍未被理解（元认知体验）。再举个例子，我们在阅读时通常会通过快速浏览多段文字（认知行为），来了解阅读难度（元认知体验）。Cornoldi（科诺尔迪）关注的是元认知态度、元认知知识和元认知行为之间的密切相互作用。因此，元认知知识与元认知行为之间的关系也就更为密切。而且，元认知态度好的人，就会发展更多的认知手段、更多的信息、更多的策略，他们也就能更好地完成认知任务。

第三章 高校法语教学法

本章主要介绍了高校法语教学法，主要为任务型教学法、探究式教学法、体验式教学法、情景再现式教学法。在高校法语教学中，教学法的灵活应用对教学效果有着重要影响。

第一节 任务型教学法

一、任务型教学法概述

所谓任务型教学法，就是以完成具体任务为学习动机、以完成任务的过程为学习过程、以展示任务成果的方式来体现学习成就的一种交际外语教学途径。

途径与具体教学方法是有区别的。前者指的是关于语言及外语教学的理念和认识，是法语教学的方向，是原则性的、原理性的，如交际教学途径；后者指的是具体教学方法，是操作性的，如情景法。

任务型教学法的核心思想是要模拟学习者在生活中运用法语所从事的各类活动，把法语教学与学习者在今后日常生活中的法语应用相结合。任务型教学法认为，要培养学习者在真实生活中运用法语的能力，就应该让学习者在教学活动中参与和完成真实的生活任务，在完成任务的过程中，学习者运用法语进行理解、交际，他们的注意力集中在学习的意义上，而不是语言形式上。任务型教学法就是让学习者在做事情的过程中学习法语和使用法语，"在做中学、在用中学"，把法语学习与法语运用有机地结合起来。

对于任务的定义，在现有文献中，学者们的说法不尽相同，角度不同，定义就有所偏差。

任务都涉及法语的实际运用。任务型法语学习中的任务与真实生活中的任务有很多相似之处，根据其相似程度，可分为目标性任务、真实世界的任务和教育性任务等几种类型。

二、高校法语教学中任务类型分析

（一）任务类型

1. 目标性任务或现实世界的任务

学习者离开课堂，在生活、学习、工作中可能遇到的各种事情，如收听天气预报、预订机票等。它们是学习者学习法语的最终目的。

2. 教育性任务

包括激活式任务和演练式任务，激活式任务激活学习者新学习的法语技能，如角色扮演、信息交换等；演练式任务与真实生活中的任务相似，如在报纸上求职并模仿求职过程等。在完成这些任务的过程中，学习者从模仿性地运用法语逐步过渡到创造性地运用法语，从而习得法语。

3. 单元任务

为了达成单元教学目标，教师结合单元功能话题以及语言形式等内容，为整个单元所设计的一系列任务。每个单元任务都可能具有激活式任务、演练式任务的特征，而任务之间又存在着相依性、涵盖性的特征，并由此形成由易到难、由简到繁，层层深入，由初级向高级，高级又涵盖初级的链式循环结构——单元任务链。

4. 课时任务

单元教学目标被分解为更加具体的课时目标，为实现课时目标，教师为具体一节课所设计的一系列任务。任务之间同样存在着相依性、涵盖性的特征，并由此形成课时任务链。单元任务与课时任务之间的关系是单元任务链中的每个单元任务，每个单元任务分别是各节课时任务链中的高级任务、单元任务涵盖课时任务。

（二）任务、活动、练习

从任务的定义不难看出任务就是活动。任务型课堂教学就是把课堂活动任务化，以任务为核心，计划教学步骤。[①] 在实际的高校法语课堂教学中，一个一个的任务串起若干活动，这些活动既有任务的特征，又有练习的特征。有些活动可能有多个步骤，其中有些步骤更接近任务，而有些步骤可能更接近练习。采用任务型教学法不能否认练习对法语学习的作用。练习是完成任务所开展的系列活动中的某一个步骤，是围绕法语本身进行的一些复习、巩固法语知识的活动。而在完成任务过程中，学习者会围绕一个具体的目标，分步骤做事情。

三、高校法语任务型教学法的实施

要讨论高校法语任务型教学法的实施，有必要先讨论法语课堂教学结构，再讨论任务的设计原则、方法步骤、任务要素，在此基础上，探索任务型的高校法语课堂教学模式。

（一）法语课堂教学结构

从课堂教学环节出发，法语课堂教学基本由六个环节构成：导入、呈现、机械操练、意义操练、交际性法语实践活动、巩固。

从法语知识的角度出发，法语课堂教学包含语音教学、词汇教学、句型教学、语法教学；从法语技能出发，法语课堂教学包含听、说、读、写四项法语技能训练；从课型的角度出发，法语课堂教学可以分为功能对话课或听说课、语篇阅读课以及综合运用法语能力训练课或复习课。

根据交际教学流派，法语知识的教学和法语技能训练应该紧紧围绕法语功能以及法语运用而展开，即语音教学、词汇教学、语法教学、句型教学以及听、说、读、写四项法语技能训练，都应该融入功能话题教学、语篇阅读教学和综合运用法语能力训练之中。无论实施什么内容、什么课型的教学，法语课堂活动都离不开"六环节"，即导入、呈现任务、开展为完成任务所需要的各种法语准备操练活动、进行法语的意义操练活动、法语输出活动和法语巩固练习，而"六环节"的主线是任务，其操作模式可以概括为教师设计任务、组织安排活动，学习者参与活动、完成任务，从而实现教学目标。

[①] 龚亚夫，罗少茜．任务型语言教学 修订版[M]．北京：人民教育出版社，2006．

（二）任务设计原则

设计任务应该遵循一定原则，这样才能把握任务设计的正确方向，也才能够顺利地开展高校法语任务型教学法。设计任务应该遵循以下原则：

1. 学生需求原则

高校法语课堂需要有意义、有价值的任务。所谓有意义、有价值的任务是指学生应该完成、愿意完成、通过努力能够完成的任务。设计这样的任务必须分析学生的个性需要（学生能做什么、会做什么、想做什么）。学生的个性需要基于学生的兴趣爱好、生活经历、能力范围以及智能因素进行分析。例如，对于"美术"这一话题，不同生活背景、不同年龄层次的学生对美术作品的认识不同，低年级只能完成对作品种类的调查，而高年级就可以完成对作品理解的调查。又如，对于"指路"这一话题，既需要学生绘制路线图（动手、制作、空间思维能力），又需要学生与他人合作（人际交往能力）。

2. 目的性原则

设计任务必须考虑目的，即为了完成任务，学生需要准备什么、做什么活动、完成任务后要得到什么结果。目的往往是两方面的：一是明线，也就是学生完成任务需要的材料、要做的活动、得到一个非语言成果；二是暗线，也就是学生完成任务需要的词汇、句型等法语知识的准备、做活动时熟练法语形式、完成任务后习得法语、获取综合运用法语的能力。

3. 任务相依性原则

任务的排列顺序是根据任务的难易度来排列的，先易后难；是根据活动的特征来排列的，先输入，后输出。任务之间要有层递性、连续性、涵盖性，遵循由初级到高级、由简单到复杂、由单一到综合、由输入到输出、由学习到生活的发展规律。

4. 真实性原则

真实性原则更多的是针对交际性任务，要求交际双方要有真实的交际需要，所提供的法语材料以及活动形式要尽可能接近生活。例如，阅读回答问题就不是真实的任务活动，因为生活中人们在阅读时，发现有价值的东西后，不会特别地回答问题，而是做摘录、标志等。

5. 做事情原则

任务型教学法认为学习法语的过程其实是"做中学"的过程，要求学生在完成任务的过程中必须动手做事情，如画图、连线、记笔记、做决定、动手操作等。学生在做事情的过程中获得和积累学习经验，体会内化法语知识，通过使用法语发展自己的语言系统。

6. 信息交流原则

信息交流原则更多的也是针对交际性任务。在完成任务的过程中，活动必须涉及信息的获取、传递、处理与使用。双方的对话不再是明知故问，而是一方发生信息缺失，产生交际需要，而后向另一方索取有用信息，信息沟通活动由此展开。

7. 衷意原则

法语学习的最终目的是用法语进行交际，而"交际"需要说话双方更多地关注法语的意义，而不是法语的形式；关注逻辑连贯性、流利性、正确性，而不只是正确性。因此任务的设计要求法语功能和法语形式的结合，在完成任务时，学生学习法语的形式，理解法语的功能，关注法语的意义，表达他们想表达的内容，养成法语思维的习惯，成套地说话，而不仅是操练。

8. 结果性原则

完成任务后必须有一个看得见、摸得着的非语言结果，这个结果可能是学生的绘画作品、完成的表格、列出的清单，也可能是作出的决定、完成的报告、制作的物品等。这个结果是任务的一个组成部分，是评估学生是否完成任务的依据之一，同时这个成果还能带给学生成功的感觉。

（三）任务设计方法步骤

1. 确定任务目标

任务目标一般有三级：最终目标（发展学生法语运用能力、交际能力所要达到的最高要求），教育目标（法语课程标准所描述的五项九级目标），具体目标（某个特定任务下的具体活动所要达到的具体目标），这里我们重点讨论具体目标。

教师将课程标准所设定的等级目标细化为许多具体的法语行为目标，即学生可以用法语做的事情，也即更具体、更详细的单元任务目标、课时任务目标。例如，法语课程标准对"说"的三级目标如果设定为——能提供有关个人情况和个人经历的信息。对这个教育目标标准的描述比较概括，"个人情况"可以非常简单（姓名、年龄、电话号码等），也可以非常复杂（爱好、受教育情况、家庭背景等）。教师根据这一教育目标可以设计这样的任务："向同伴介绍自己的年龄、姓名、家庭住址和电话号码，获取同伴的个人信息并做记录。"该任务的具体目标就是"获取识别、记录关键信息的能力"。具体目标也是教学评价的依据。不同的任务有不同的目标，有的任务只有一个目标，而有的任务有多重目标。

目标也不只是法语知识或法语技能目标，还包括人际交往、学习策略、情感态度等方面的目标。确定任务目标时应该注意以下几点：熟悉课程标准规定的分级分项目标，侧重研究教学涉及的学段分项目标；充分了解学生需求和教材内容；以单元为单位，整体考虑任务目标，再从单元目标中细化出课时具体目标；目标的描述要做到不缺项（法语知识、法语技能、情感态度、学习策略、文化意识），还要使用行为动词，这是因为学生是行为的主体，而行为分层落实可操作也可检测。

2. 确定任务类型

依据不同的目标选择不同的任务类型。任务类型主要有：初级的、单一的、简单的、学习性的、封闭式的与高级的、综合的、复杂的、生活化的、开放式的，需要注意的是任务应该搭配使用，合理选择。

3. 选择设计材料

课程改革的一个重要理念是"用教材教，而不是教教材"。结合教学实际，教材的内容可能不适合学生需求，教师需要对教材进行重组，需要选择教材以外的教学材料。在选教学材料时，教师要考虑材料的形式、内容、难易度、呈现方式、是否需要学生亲自搜索等。材料可以涉及学生生活经历、书报、广播、电视、网络等各种类型的口头、书面的法语材料。

4. 规划任务活动

设计任务一般要规划两类活动——使能性准备活动与交际性活动。使能性准备活动是为了激活学生已有知识与技能、介绍法语、操练法语等；交际性活动包括调查、分析、讨论、作报告等。这两类活动交叉循环进行。从认知的角度来看，活动又可分为输入活动与输出活动，先输入，再输出。规划活动时应该考虑以下因素：活动需要多长时间？活动采用什么方式？活动的具体目的是什么？学生是否对活动感兴趣？学生是否有能力完成？还需要注意的是在活动中，学生能否用到新的法语项目？

5. 确定操作程序

任务中的活动规划好以后，操作程序也就确定了。教师需要进一步考虑的是具体操作细节，要预测进程中可能出现的问题。例如，活动之间的衔接过渡、小组活动分工、教师的指令等，并做好应对措施。

6. 调整任务难度

在操作过程中，我们不可避免地会遇到任务的难易度设计不当，这时，教师需要及时作出调整，以免学生产生惰性或畏难情绪。我们可以利用3S心理法或3C模式进行调整。

（1）3S心理法。学生在课堂上保持surprise（惊异）、suspension（悬念）、satisfaction（满足）的心理，学生既能言所能及，又经历挑战，他们的学习兴趣、动机、潜能都被挖掘、调动起来，定能收到良好的效果。

（2）3C模式。诺利斯（Norris）等人根据大量的理论研究与实践经验，提出了一个能调整任务难度的3C模式，即语码复杂性（code complexity）、认知复杂性（cognitive complexity）、交际压力（communicative stress）。语码复杂性指的是完成任务所需词汇、句型的难度；认知复杂性指的是认知能力的广度和深度；交际压力指的是完成任务限定的时间、形式等对学生造成的压力。

第二节 探究式教学法

一、探究式教学法概述

探究式教学法强调学生主动参与并通过阅读、观察、实验、思考、讨论和听讲等多种方式，独立发现和掌握相关原理和结论。因此也被称为"发现法"或"研究法"。在这种教学方法中，教师提供的只有部分事例和问题，而非直接给出答案。该教育机构倡导教师以学生为中心，引导学生自主探究，掌握认知和问题解决技能，以研究客观事物属性，推断因果关系和内在联系为主要手段，从而探索规律性并建立自己的知识框架。很明显，探究式教学赋予了学生更高的地位，也提升了学生的自主学习能力。探究式教学法是一种以探究为中心的教学形式，旨在引导学生通过探索和发掘来深入学习。其中，"探究"这个词包含着两个层次的含义：第一层为什么是探究；第二层为什么是探究式教学。

在当前国际科学教育改革浪潮中，探究已成为最为重要的几个关键词之一，被广泛讨论和提及。根据《牛津英语词典》的解释，探究是一种追求知识和真相的行为，具体包括调查研究、查找信息和提出质疑等活动。探究是一种深入研究和探究的活动，它包括探究真理、了解本质和寻求知识。探究旨在发现新的事物、理念和知识，并帮助我们更好地了解世界。研究的本质是探究问题，挖掘深层次原因，并通过多角度探索来寻找答案和解决疑惑。

探究式学习是一种独特的学习方式，其模仿了科学研究的模式来学习科学知识。该方式通过实践、理解和应用科学研究方法，以培养学生的科学探究能力为目标。在2000年的报告中，美国国家研究理事会提到了五种不同的活动类型：（1）提出问题，学习者围绕科学性问题展开探究活动；（2）收集数据，学习者获取可以帮助他们解释和评价科学性问题的证据；（3）形成解释，学习者要根据事实证据形成解释，对科学性问题作出回答；（4）评价结果，学习者通过比较其他可能的解释，使解释和科学知识相联系；（5）表达结果，学习者需要对他们所提出的解释进行阐述、论证和交流，以表达出相关的结果。探究式学习或教学是一种互动积极的学习过程，它鼓励学生自发参与，通过探究和实践获取知识，而不是简单地接受老师的观点。这种教学方式鼓励学生自我发现和探索，培养他们的独立思考和解决问题的能力。因此，深入地研究探究式学习不仅是一种学习方式，也是教育教学的一个重要目标。

探究式教学法强调教师需要通过实践来获取经验和知识，然后运用理论知识指导实践，总结经验并发展新的理论，这样不断推动教学的进步。它描述了教师指导学生深入研究相关学习内容的过程，或通过多种方式探索相关问题，以找到答案和解决问题的方式。此方法旨在激发学生的自主性、积极性，促进其独立完成学习任务，同时提高他们的技能水平，掌握科学方法，并培养科学精神和态度。

因此，探究教学的核心在于揭示科学结论，即按照科学方法论的结构方式提出和检验科学观点。这需要向学生阐述这些理论观点和相关实验，并详细说明所获得的数据以及将这些数据转化为科学知识的解释过程。

二、探究式教学法的特征

（一）从学生的已有经验出发

根据认知理论研究，学生的学习过程并非从一张白纸开始，而是受到其先前所获取的经验所影响。只有根据学生的现有知识和实际情况来进行教学，才有利于激发他们的学习热情和引导他们自发地学习。如果不这样做，要想实现预期的教学目标将变得非常困难。

（二）重点培养学生探究能力

探究教学核心不在于教师简单地告知学生答案，而是通过探究活动（如观察、调查、制作、收集资料等）引导学生去亲手实践，并从中得出结论。这种学习方法能促进他们创建新的认知，亲身体验知识获取的过程，并增强探究科学的能力。通过以多样、复杂的场景为基础的教学方式，学生可以以更全面、更深入的视角来理解知识，从而构建知识之间的联系。这样做可以唤醒他们的知识，并让他们更轻松、更灵活地运用所学知识，从而有效解决实际问题。唯有如此，才能让学生在学习上表现出积极主动的态度，从而真正引发他们内在的学习动力。

（三）重视过程和结果

一方面，教师应鼓励学生以积极主动的态度去探究事物和现象，在引导和教育下领会知识内在的联系，以期自如运用；另外一方面，教师还需将科学知识与科学方法结合起来，帮助学生在掌握知识的基础上通过观察、调查、假设和实验等方式进行探究。这些探究不仅能够积累信息和分析信息，还可以获得相关成果或制作成果，从而培养学生的科学态度和精神。

（四）重视知识的运用

探究教学的一个重要特征是将学习和应用紧密结合起来，鼓励学生通过使用他们所学的知识来解决实际问题，以提高他们的问题解决能力。学生通过教学探究，能够跨学科应用知识，解决广泛、综合、复杂的问题。通过探究式教学，学生能够更贴近现实生活和实际社会，从而在获取和运用知识、解决问题的学习活动中培养和提高他们的实践能力。

（五）重视形成性评价和学生自我评价

探究教学评价的标准较为严格，需要对每位学生掌握知识的情况进行细致准确的评价。这个过程包括评价学生是否掌握了相关概念，并确定哪些还不够清晰明了；评价他们是否可以灵活运用所学知识来解决问题；确保他们是否具备提出问题、设计并实施探究计划的能力，以及确定他们是否可以分析处理所收集的数据和证据，评价并判断支持或反对所提出的假设。单纯依赖终结性评价难以真正促进效果的实现。除了进行终结性评价，教学还注重形成性评价。举例来说，教师会重视学生在日常学习中所完成的笔记、报告、图表等任务，并与学生进行面对面的交流，了解他们对知识的深层理解程度和科学推理能力。这些形成性评价方式有助于教师更全面地了解学生的学习状况。另一个探究教学评价的特点是注重学生对自己学习过程的评价。通过对自己采用的学习方法、解释和理解知识的程度等进行评价，学生能够提高学习效果，实现学习目标。

（六）重视师生互动

探究式教学法的理念在于激发学生的创造性和主动性，让学生自主探索和实践，并从中获取知识和经验。另外，探究式教学法将学生置于教学的核心地位。学生的自主性与教师的指导相互依存，教师须遵循学生所选，同时为学生提供必要协助，学生则在教师的引导下独立探索。这种相互作用可以推动双方在各方面不断发展和完善。

三、高校法语探究式教学法的实施

在高校法语教学中，探究式教学法在实施的过程中分化成了多种具体的方法：自主探究、合作探究、情境探究、问题探究、实验探究、创新探究等。此处主要针对我国基础教育以及法语学科教育的特点，详述几种较为实用的具体方法的实施。

（一）自主探究教学

自主探究教学就是引导学生的自主学习以促使学生自觉地投入法语学习中

去，使学生独立思考并主动建构知识的教学模式。

1. 主要特征

（1）教师是教学的主体而学生是学习的主体，教师和学生同为主体，形成了主体性和民主性的师生关系；（2）注重教学过程的开放性和研发性，关注教学过程中学生主体意识的发挥，关注学生的创造力和创新意识的发挥，重视教师对学生的引导、启发，注重学生自主、能动地进行探究和发现；（3）注重学生的参与性并提倡适度合作探究的辅助作用；（4）要求问题设计的合理性和教学的有效性，提倡教学的多元互动性以及教学方式的多样性。

2. 操作思路

（1）要求教师做到明确学习目标，明确预习的价值、提纲及预习方法，要求教学具有整体性、灵活性、开放性；（2）探究包括个人独探、同伴互探、小组齐探、全班共探等5个支点，教师要着重考虑如何监管学生活动、如何分组、如何指导学生；（3）教师要通过分层运用、内外运用、反馈这3个支点，指导学生实现应用迁移；（4）教师要注重发挥学生的主体性和促进全体参与，给学生自主探究的权利，这是因为教学过程主要靠学生自己完成；（5）教师是学生学习的促进者、参与者、指导者、引导者，甚至要与学生"共同学习、共同探讨"。

3. 常见问题及解决方法

（1）流于形式，缺少教师适当的指导，无法完成探究的任务；（2）教师承揽探究，学生只是验证探究，无法提出问题，不会猜想，不能体验到探究的必要性和成功的乐趣；（3）选材不当，缺乏探究意义；（4）教师布置不当，学生收集资料困难；（5）教学时间安排不足，自主探究流于形式；（6）教师对课后探究指导不足导致课后延伸草草收场。

针对以上问题，教师一定要根据教学需要，根据学生的实际情况进行适时引导；教师应该充分相信学生，促进学生主动参与，激励学生发挥主观能动作用，最大限度调动学生自主探究学习的积极性和主动性；教师要关注探究内容的适度性、可操作性和趣味性；教师应在课前下发"导学学案"，让学生据此进行预习、寻找资料；教师还要更新观念，充分相信学生，给予学生更多的自由支配时间；最后教师要及时介入学生的探究活动，成为他们中的一员，并对学生课后的探究做必要的指导。

（二）合作探究教学

在合作探究教学中，老师作为引导者，鼓励学生以小组形式合作。每个小组由4—6名学生组成，他们在积极互助的氛围中结成团队，分工合作、互相帮助、相互指导，追求共同目标。当团队成功成为评价标准时，个人的成长也会得到推动。

1. 基本要素

（1）让学生知道他们不仅要为自己的学习负责，而且要为其所在小组的其他成员的学习负责，从而使学生在探究过程中积极互助；（2）小组中的每个成员都必须承担个人责任，尽职做好自己的工作；（3）混合编组要尽量保证一个小组内的学生各具特色、异质、互补，能取长补短；（4）学生的社交技能水平既是合作探究的结果又是合作探究的前提；（5）小组自评或团体反思能保证小组不断发展和进步。

2. 操作思路

（1）合作设计要合理，应以合作、互动为特点；（2）提前设定目标，为评价提供依据；（3）通过自学、小组互助，促进集体成果的积累；（4）自评与他评相结合。

3. 常见问题及解决方法

（1）问题设置太过简单，合作探究流于形式，失去了合作探究的意义；（2）重探究而忽略总结；（3）只注重优秀生，不兼顾后进生。

针对以上问题，教师提出的"问题"要紧扣课堂讲授的重点、难点，问题要有启发性，并能充分调动学生合作学习的兴趣；教师要引导学生对答案进行总结，使讨论的答案得到统一；另外，教师要特别注意对学生的心理进行辅导，让他们树立信心，同时提供有层次性的问题，使后进生也能胜任，强调整体的进步，形成让优秀生主动帮扶后进生的氛围；在合作探究的评价中，教师要对不同发展水平的学生有不同的要求，应关注每一位学生，特别是后进生。

（三）情境探究教学

以情境为基础的教学方式在法语教学中被广泛采用，这种教学方法被称为"情境探究教学"。该教学方法通过创设或引入具有情感色彩的生动场景，以增强学生的情感体验和理解文本的能力，同时有助于促进学生心理机能的发展。

1. 基本原则

（1）意识统一和智力统一原则：要求教学中既要考虑如何使学生集中思维、培养其刻苦钻研的精神，又要考虑如何发挥情感、兴趣、愿望、动机、无意识潜能等智力活动的促进作用；（2）轻松愉快的原则：要求在轻松愉快的情境或气氛中引导学生提出各种问题，并展开自己的思维和想象，寻求答案，分辨正误；（3）自主性原则：强调良好的师生关系和学生在教学中的主体地位。

2. 操作思路

（1）借助实验创设情境，帮助学生将当前的学习知识与自己已经知道的事物相联系，建构起所学知识的系统；（2）借助新旧知识的关系、矛盾，创设情境，让学生产生学习的欲望，从而形成积极的认知氛围和情感氛围；（3）借助生活实例创设情境，让学生有真切的感受，以便引起学生的探究兴趣，激发其求知的欲望；（4）运用实物、图画、表演、语言、故事等展现和创设情境。

3. 常见问题及解决方法

（1）易产生"花盆效应"：学生的学习能力在人工的、人为创设的"典型性场景"中发展比较顺利，但是脱离了该种情境后，很可能出现回落的现象；（2）由于情境教学过分强调情境功效，加之对课程整体性、意会性及模糊性特点重视不够，故易出现人工雕琢之痕，以及"作秀"之嫌；（3）由于情境教学强调人为创设情境，对教师的素质要求太高，故教师必须具备高超的法语表达能力，甚至要能歌善舞、能谈会唱。

针对以上问题，教师必须熟练驾驭教材，准确把握学生心理特点、智能水平，熟悉他们的内心世界。并针对学生的特点，恰当地选择和运用科学手段、方法，以便结合教材创设情境。另外，教师在运用情境教学法时，还应针对各学科特点，根据自身特点创设情境，并努力提高自身素质。

（四）问题探究教学

问题探究教学模式是以问题为纽带，让学生在提出问题、分析问题、解决问题的探究过程中，来建构知识体系、发展智力、提高能力的教学模式。

1. 实施策略

（1）搭建民主平台，树立学生的主体意识；（2）多角度着手，培养学生的问题意识;(3)改变备课模式,以问题为核心,以问题为主线;(4)重组教学组织形式,创造更大的探究空间。

2. 操作思路

(1)引发问题:根据学生要学习的知识点的内涵和外延,还要联系学生知识水平、生活实际,创设模拟情境,引发一系列问题;(2)组织探究:根据学生心理特点、班级授课制的特点,在教师组织、引导下,让学生紧紧围绕提出的问题进行独立思考、体验感悟、获取感性认识,并与身边的同伴、同学及教师进行探讨交流,澄清认识;(3)作出解释:教师要引导学生把通过感知获取的直观认识条理化,抓住其本质属性,并将其纳入已有的知识体系,融入已有的认知结构中;(4)运用深化:让学生运用获取的知识解决具体问题,在解决问题的实践中深刻体悟知识的内涵和外延,升华认识。

3. 常见问题及解决方法

(1)问题设计的整体性不够;(2)问题设计的层次性不强;(3)问题设计的开放性不足。

针对以上问题,教师在面对较复杂的问题时,应采取化整为零的设计方法,在把握总体目标的基础上,在设计问题时把总目标细分为一个个小目标,一个个容易掌握的题目,让其形成问题链;问题的设计要有坡度,层层递进,以点带面,逐渐扩展和深入,使学生从一个个问题的解决中,有层次地掌握法语知识和法语技能;在问题设计上,还要从能够启发学生多角度多元化的思考出发,答案不要太死,思路不能太窄。我们要以学生为中心、教师为主导、兴趣为主线,统筹兼顾,让学生积极主动地探索和获取知识。

第三节 体验式教学法

一、体验式教学法概述

体验式学习是体验式教学法的起源。学习可以以两种方式进行:一是左脑式学习,另一类是右脑式学习。传统教育注重左脑式学习,即老师向学生传授大量理论和知识,要求学生熟背记忆。相较于左脑式学习,右脑式学习注重实践、体验，即通过亲身感受来学习和理解。理解力强的学生更倾向于理论学习，而注重实践的学生更倾向于实际操作。因此，体验式学习也被认为是"右脑式学习"，即学习者通过亲身经历和体验的方式，积极参与活动，从中获取新的知识和技能。这种教学方式注重学生的体验和思考，鼓励他们将已有的知识和经验与新环境结合起来，通过实际经验获取新的知识。体验式学习致力于为学生创造真实或仿真的环境，鼓励他们积极参与人际互动，通过个人经验、感受和分享来积累知识与技能。随后，学生会展开自我反思和总结，进一步巩固自己的经验，制订理论或成果，并将所学应用于实际操作中。体验式学习对培养学生健康的心理素质和积极进取的人生态度，增强团结合作的团队意识起到积极作用。

如果说体验式学习以学习者的学习活动为研究对象，那么体验式教学法更关注教师在教学设计中的作用，旨在鼓励学生自主发展。"积极创设各种情景，引导学生由被动到主动、由依赖到自主、由接受性到创造性地对教育情景进行体验，并且在体验中学会避免、战胜和转化消极的情感和错误的认识，发展、享受和利用积极的情感与正确的认识，使学生充分感受蕴藏于这种教学活动中的欢乐与愉悦，从而达到促进学生自主发展的目的"。[1]

通俗而言，体验式教学法指教师根据学生的认知特点及规律，在教学中注重学生的互动和实践经验。以学生为主角、以任务为核心的教学新模式，即体验式教学法，旨在通过设计的精彩活动，引导学生去亲身体验并重新审视过去的经验，从而激发学生内在的积极因子，帮助其理解对象的本质或内涵，并最终开展心智的改进和建设。该教学方法是在实践中认识周围事物，通过亲身体验来感知、理解、感悟和验证教学内容，以便学生能够将所学到的法语使用原则，应用到实际交流中。体验式教学法强调建立一个积极的认知情境并创造一个平等和谐的学习氛围，以帮助学生通过自主体验来获取新知识并构建自己的知识结构。教师在以理论为指导的前提下，引导学生通过实践加深对所学知识的理解和掌握，从而培养学生的自主性、独立性和创新能力，形成一个能够在情感、思维和实践层面协调发展的完善人格。体验式教学法将学生视为具有完整的生命体验和情感世界的个体，而不仅仅是单纯的认知机器。

因此，教学是一种生命的存在方式，教学不仅仅是理性认知，更是帮助人体

---

[1] 林涛. 如何培养老师的体验教学能力 [M]. 桂林：漓江出版社，2011.

验人生的过程，有助于提高个人心智水平。在教学过程中，人不仅会积累知识、改变行为、提高认知能力，还会演变情感、态度、价值观甚至信念，实现全面的个人发展。归纳而言，体验式教学法注重个体生命成长，重视个体尊严与关怀，促进个体发展与提高，集聚了重要的生命价值和意义。它所关注的不仅是人们能通过教育获得多少知识和理解，更重要的是教育可以激发并扩展人们的人生意义。以亲身参与真实或模拟的学习活动为主，让学生切身感受法语文化和语言的教学方法，被称为"体验式法语教学"。在这种教学活动中学生会通过与其他学习者进行交流和分享学习经验，进而思考总结这些经验，并将其应用到实际学习过程中。

二、体验式教学法的特征

体验式教学法有以下五个特征。

（一）尊重生命的独特性

若想尊重生命的独特性，就必须尊重每一位学生的个性、差异性和独特之处。我们应该意识到每个人都是独一无二的，要接纳和赞赏每个学生的个性特征，并理解与支持学生的不同思想和想法。我们应该针对每个学生的个性化差异来进行教育，而不是对所有学生采取同一种方法。我们应该了解每个学生的长处和短处，了解他们的学习方式，尤其是关注弱势学生的需求。为每个学生提供适合他们的成功机会，帮助他们在学习中享受成长的乐趣。

（二）善待生命的自主性

人的本性是渴望探索外部世界、发挥创造力的，因此在不断探究和追问的过程中，表现出了自身生命的活力和理解生命的意义。人天生就拥有自我意识和自我成长的天赋。通过体验式教学法，学生可以自主地探索外面的世界，主动认识自己、追求自己并提高自己。该教学法旨在让学生通过自主学习不仅能够更好地掌握知识和技能，还能够增强自主性，探索外界和自我，并且在这个过程中体验到生命的魅力和意义。

（三）理解生命的生成性

通过体验式教学法，我们能更深刻地领悟到生命的演化具有不可预测性和创新性。教师应该避免给学生设定刻板的目标，这样会限制他们的发展空间。另外，教师也不应该把外界的目标强加给学生。教师应该注重学生在学习生活中的实际情况，而非仅仅关注未来结果。教师应认识到学生是不断发展和进步的，他们在不同学习阶段积累了各自不同的生活体验。作为一名教师，他的任务是为学生提供一个有利于他们充分成长的环境，激发他们内在的生命力量，使学习过程成为学生成长的历程。

（四）关照生命的整体性

人类生命的价值极其多元化，不仅具备认知能力，还拥有情感世界、态度观念和坚定信仰。体验式教学法不仅仅要求学生认知、积累和加工教学内容，更需要学生通过自身的实际体验和深刻反思来将知识理解和融入内心世界，并与个人的人生经验和生活背景相融合。通过体验式教学法，学生将全方位地参与到学习中，包括其认知、情感、意志、态度等方面。这样做的效果是，他们不仅学到了知识，还更深刻地领会了知识的内在含义，从而得到了更充实、更全面的精神和生命体验的提升。

（五）重视生命的平等性

体验式教学法强调师生之间的互动关系应该是基于相互交流、对话和理解的，这样才能建立一个"我—你"的关系，而不是像传统教学方式一样只是单向的传授与接受关系。在传统教育中，教师通常扮演着传授知识和技能的角色，学生则被视为被动的接收者。这种教学模式很难实现师生之间的平等对话和交流，同时也容易忽视学生的个性和自主性。因而，在这种教育环境下，学生很难得到积极的情感体验。师生关系更类似于一种共同发现和探索知识的互动关系，而非简单的知识传授。师生在对话中可以相互交流知识和智慧，共同探寻生命的意义和价值，进而实现互相尊重、信任和激励。因此，需要教师创造一个自由、和谐、自我管理的环境，帮助学生展现自身潜力和独特特质，以达到心灵自由和实现生命的意义。

三、高校法语体验式教学法的实施

由于体验式学习具有一系列优点，因此人们在当前的外语教学理论基础上发展出了体验式法语教学方法。一般认为，人类语言离不开具体的体验感知，语言是通过人们运用自身的五官对现实世界的"互动体验"和"认识加工"形成的。要想学好法语，最好的方法就是通过实践并持之以恒，在这个过程中体验式的学习是非常关键的。因为法语是一门交流的语言，只有真正地去实践并融入其中才能收获真正的成果。体验式教学法倡导学生不仅要接受知识，而且要主动地参与实践活动，亲身体验和感受，以此构建知识和技能的框架。在高校法语教学中，教师会采用多种实践式教学方法，通过言传身教、视觉、触摸、实践等方式，将抽象的知识变得具象化，激发学生的思考和合作能力，促进学生进行讨论，引导他们亲身体验问题、过程和结论。这样能够促进学生感情和思想的形成和表达，并深入探究问题从而提升学生的学习兴趣和学习效果。

体验有实践层面的体验，也有心理层面的体验，既可以通过学生主体亲身经历某事来展开体验教学，也可以通过学生主体在心理上对自己或他人"亲身经历"的再现来进行体验教学。高校法语体验式教学法的实施主要有以下几种途径。

（一）反思回味（自我再体验）

学习主体通过现象、联想、记忆，把自己经历中最值得珍视的生活事件（包括成功、失败、快乐和苦恼等）进行过滤和反思，即从心理层面重新"经历"主体以前的经历，以引发相应的体验，这样的体验具有回顾和反思的性质，这种"自我再体验"就是反思回味式。如追忆情景体验法。

（二）心理换位

让学生从心理层面上去亲自体会或模拟某个角色，从中体验与该角色相符的思想、观点、情感和行为；或虚拟自己经历了某件事，联想事情的前因后果，从中体验事件的意义。也就是主体从心理上扮演他人的角色，虚拟"经历"他人的"亲身经历"，这样的体验具有移情的性质，这种移情性的对他体验就是心理换位式。如角色扮演体验法、学生讲课法、换位体验法。

（三）交流互动

交流互动是指学生可以通过相互交流和互动，在讨论和不同观点碰撞的过程中，更加深入地理解和领悟学习内容中较难在个人学习中完全掌握的知识。这种学习方法通常需要学生做好充足的准备，主要以小组为基础，鼓励学生之间积极交流和讨论。教师应该精心谋划讨论的主题，可以选择由自己提出或引导学生一起探讨，以达到最佳效果。如体验交流法。

（四）情境沉浸

教学时，教师可以选择一些适当的情境来加深学生对教学内容的印象和理解。例如，展示实物以营造逼真的情境、绘制图像来生动再现情境、播放合适的音乐以活跃气氛，或者通过扮演角色亲身感受情境，使学生更加情感化和体验化地接受教学内容。学生结合这种环境和学习内容，能更深入地理解并领悟那些需要通过感性认识才能掌握的知识。为了让尽可能多的学生感受到情感共鸣并产生联想，教师需要精心设计场景，实现情境沉浸式教学。如媒体情景体验法、多媒体教学体验法。

在高校法语课堂教学中，要创设生动逼真的情境使用最多的就是多媒体。多媒体往往能传递生动形象的画面，悦耳动听的声音，具有很强的视听效果。它能够使声音与图像结合、法语与情景结合、视听与听觉结合，便于创造法语运用的真实情境。多媒体的动画画面充分调动了学习者的视觉功能，让学生感知、体验，身临其境，激发"说"的欲望，从而更有效地参与学习过程。

（五）实践活动

这是一种本原性体验，就是体验主体在实践意义上亲身经历某事并获得相应的知识和情感。例如，让学生在学习中动手操作或进行某些学科、社会实践活动和研究性学习活动，在这些活动的经历中去体验，从而加深理解和产生认识、情感、行为的变化。实践活动式主要包括社会实践法、课内外主题活动体验法、课内外探究活动体验法、实践体验法等。

知识来源于生活，又服务于生活。高校法语课堂教学就是一个由生活转化为知识，而又用知识去认识生活的过程。所以，教师要尽可能将课堂延伸到课外，使学生所学知识、兴奋点、疑问点均能伴随学生走出教室融于学生的课外生活中，开展相应的第二课堂和社会实践活动，能使学生在活动中得到内在情感的体验和升华。

(六) 艺术陶冶

组织学生在艺术陶冶中激发起他们的体验。艺术是对生命体验的表达，如果说科学的世界是人类理性的世界，那么艺术的世界就是人类情感的世界、体验的世界，艺术作品是人类情感的表现形式。活动需要教师从教学要求角度设计，并给学生以帮助和指导。实践活动和研究性学习的研究主题可以由老师给出，但应当给学生一个自由选择的余地。

总之，高校法语体验式教学法的实施途径和方式多种多样，关键是教师要在教学内容中融入学生的年龄特点和需求，选择适当的方法和切入点，创设恰当的体验学习情境，让学生在和谐的学习活动中体验、感悟和认知，既保证体验学习的时效性又保持体验学习的多样性，使每一次体验教学都成为学生对客观世界的领悟，对生命意义和生命价值的体验。

第四节　情景再现式教学法

一、情景再现式教学法概述

听说法根据结构主义语言学"语言是言语，不是文字""语言是结构模式的体系"理论，提出以口语为中心，以句型或结构为纲的听说教学法主张，教材用会话形式表述，强调模仿、强记固定短语并大量重复，极其重视语音的正确率，尤其强调语调训练，同时广泛利用对比法，在对比分析母语与法语的基础上学习法语，并在教学中有针对性地加以解决学习难点。听说法把语言结构分析的研究成果运用到法语教学中，使教材的编写和教学过程的安排具有科学的依据。这对提高法语教学的效果，加速法语教学的过程无疑是一个进步。

正当美国盛行听说教学法时，英国应用语言学家和外语教师们设计并运用了一种新的外语教学法——口语法或情境再现式教学法，它与听说法并驾齐驱，其代表人物是英国著名外语教育家帕尔默和霍恩比，他们在英国和美国都有较大影响。情景法主张听说训练必须同一定情景结合，在某一情景基础上进行。情景法是直接法、听说法的发展。从狭义的角度来讲，情景法是指传统外语教学流派中的以口语为主的情境再现式教学法，是在直接法和听说法的基础上，利用视听手段形成的教学法。这种方法以情境为中心，以整体为基础，充分利用视听手段，培养学生的听说能力。

从广义的角度来讲，情景法还包含了在情境学习理论基础上产生的情境教学法。情境学习是由美国加利福尼亚大学伯克利分校的让·莱夫教授和独立研究者爱丁纳·温格于1990年前后提出的一种学习方式，认为知识具有情境性和情境学习模型，知识是活动、情境和文化的一部分，知识正是在活动中不断被运用而发展的。他们提出了"合法的边缘性参与"的著名论说，认为学习通常是与其所发生的活动、境脉和文化联系在一起的。这些文献的观点被后来的研究者们广泛引用，成为情境认知与学习理论研究领域中的开创与指导性之作。

二、情景再现式教学法的特点

情境学习理论强调学习情境的极端重要性；重视主动探索操作和经验学习；强调学习活动的真实性、交际性、趣味性和创造性。

（一）真实性

在设置情境时，应当以学生日常所了解的事物和真实可行的活动为基础，避免与学生的生活经验相差过大。只有情景的真实性和贴切性才能快速、有效地启发学生原有的认知结构，帮助他们建立新知识和旧知识之间的联系。情境的真实性指的是学习任务出现的环境与应用所学知识技能的实际情况联系紧密程度。为了帮助学生更好地运用所学知识，教师应该在课堂教学中创造接近真实情景的情形，提供真实的任务和日常实践，让学生以真实的方式进行学习。情景越真实，学习建构的知识就越可靠，越容易在真实的情境中得以运用。

（二）交际性

使用法语是一种交际技能，因此，法语教学需要致力于培养学生掌握并运用法语交际的能力。只有在带有交际意义的情境下，才能够有效地促进学生法语交际技能的发展。使用法语与人交流和有效沟通的能力被称为"法语交际技能"。除了掌握语法规则，还需要懂得在特定情境、时间和对象下运用合适的句子。在课堂上，应该注意设计活动，给学生们提供不同碎片化的信息，创造出双方都不知道对方使用的语言信息场景，即制造信息差距，让学生通过交流沟通来交换信息，以完成共同的任务。如果在课堂教学中进行情景交际活动时，学生之间没有信息上的差异，那么他们就不需要使用法语进行交流，此时，学生所说的法语就变成了简单的背句型或造句活动，失去了真正的交际意义。

（三）趣味性

在学习过程中，非智力因素与智力因素会共同发挥作用。

智力因素即人的认识能力包括记忆力、观察力、思维能力、想象力等。非智力因素是指智力因素以外的一切心理因素，包括意志、情感、兴趣、注意等。学生对法语的学习热情直接影响着他们掌握法语的能力，因为兴趣是学习法语时内在的动力。学生对法语学习的兴趣不仅仅是由天生因素决定的，后天的环境、教育等也发挥了重要的作用。因此，在设计法语教学情境时，教师应考虑增加趣味性，激发学生学习的热情和兴趣，从而让其积极主动地参与学习过程，高效地持续下去。

（四）创造性

学生需要具备在特定目标的要求下，利用已有的知识，在需要时创造出新的法语表达形式的能力。如果在法语教学中仅仅通过简单的模仿和读背句型来进行情境创设，那么无法有效地培养学生的法语创造能力。因而，教师应当深入挖掘课文的内在涵义，并设计出合理的情境，让学生在有意义、有目标的情境中发挥自己的创造力和想象力，为了激发学生的创新思维，教师还可以指导学生自主创设情境。

三、高校法语情景再现式教学法的实施

（一）基本原则

教学中创设真实情景，为学生创造积极的情绪体验，使法语学习变得轻松快乐。情景再现式教学法基于对人类认知和学习行为根本规律的了解，使得法语学习在课堂形式上活泼丰富，如果操作得当，学生的积极性会得到很大提高，从而大大提升法语学习的效率。但是，它同时也对教师的教学管理技能、资源搜索技

能、多媒体使用技能以及知识面和实践经验等提出了较高要求。而且，一旦使用不当，教学内容容易沦为教学工具的附庸，使教学的有效性受损。因此，应用情景法教学需遵守以下几个基本原则。

1. 系统性原则

在法语知识的安排上，要具有系统性和科学性。从口语开始学习，然后再见之于书面材料；课堂上用法语教学，但并不完全排斥母语；新的语言点是通过情景介绍出来并进行操练；词汇教学方面选教最常用的单词，以此为核心，再逐步扩大词汇量；由简入繁地介绍语法项目，用归纳法教语法；合理地安排听说读写不同阶段，听力训练一段时间后才开始教说，在口语有了相当基础后再分别转入读和写等。

2. 参与性原则

在进行教学时，需要积极鼓励学生在情景中参与，并通过实际操作来深入理解。情景再现式教学法的关键在于营造生动有趣、充满激情的学习情景，并确保每位学生都积极参与其中。情景再现式教学法还强调引导学生通过知识解决实际生活中遇到的问题，并且重视与学生的生活经验和实际情景的联系。在教学过程中，关注学生的情感体验，以确保他们能够在行为和情感上都得到全面参与。

3. 情景优先原则

在教授法语时，教师应首先强调创造情景的重要性，优先让学生观察情景，再进行听、说练习，这样能够更加快速地帮助他们理解新的法语材料。通过生动的形象，激发学生的记忆和联想，促进对法语形式和功能的熟悉和理解。

4. 可操作性原则

创设教学情景时，应注意方便实用，并注重灵活性与开放性，经常组织活动使学生参与其中，而非单纯传授知识。另外，也应避免过度依赖多媒体而阻碍教学效果的发挥。同时，创设的情景要生动形象，了解学生的认知能力以避免出现误解。

（二）情景创设方法

1. 直观教具

直观教具包括具体实物、图片、简笔画、幻灯片、电影等。学生心理发展的主要特点之一是情感的易感性和冲动性明显。直观教具的使用可以引起学生的注意和兴趣，使法语课堂变得生动有趣，学生会很轻松愉快地感知和理解教材。利用视觉辅助物开展教学简单易行，教师可以自制或购买现成产品。

2. 具体实物

具体实物主要指生活中常用的各类物件，这是创设情景最直接、经济、有效的手段。具体实物所创设的情景生动、形象，可以立即引起学生的注意，激发学生的学习兴趣。具体实物一般适宜在初学阶段用来创设情景，比其他直观教具更快地被识别。

3. 简笔画

简笔画最初是用木棒或火柴棍等线条，将动物、静物、人物或景物组合成生动的图形，在法语教学中，简笔画是一种直观的、用于辅助教学的教具。用简单的线条和几何图形就能创作出许多不同的画作，这就是简笔画的魅力所在。在画简笔画时，应遵循"宁少勿多，宁直不弯，宁简不繁"的原则。简笔画具有线条简单、易于学习和绘制、省时省力、快捷的特点。简笔画可以生动形象地展示各种情景，这种方法既幽默又引人入胜，为法语课堂创设了丰富的场景，让学生更加享受学习的过程。它不仅增强了课堂的活跃性，还提高了学生的专注度和记忆力，同时有助于激发学生的法语应用能力。使用简笔画进行教学非常简单易学，即使是没有专业绘画背景的教师也能够轻松掌握。

4. 体态语

所谓体态语是指人在交往过程中用来传递信息、表达信息、表示态度的非语言特定身体态势。这种特定的身体态势既可以支持、修饰或否定言语行为；又可以部分地代替言语行为，发挥独立的表达功能；同时又能表达言语行为难以表达的感情和态度。体态语的特点之一是辅助性，以表情及身体其他有关部位的态势为手段起到交流的作用。例如，面部表情可以表达愉快、兴趣、兴奋、惊奇、厌恶、愤怒、恐惧等情感。眼神也同样可以表达喜怒哀乐等情感。

5. 表演法

表演法是一种直观生动的教学方法，它包括学生的自主表演和教师的示范表演。教师的示范表演不仅能让学生更好地理解教学内容，也会激励他们更勇敢地进行自我表演。在学生自我表演过程中，教师也应该融入其中，可以担任评委、导演或者参演其中的一个角色。在演出前，学生应明确演出的目标和使命，这样可以更好地服务于教学。表演法将抽象的语法规则变得更加形象、生动，使学生在愉悦的学习氛围中习得语法。

6. 言语描述情景

通过使用简笔画、具体实物等方式呈现情景，可以为法语教学的初学者创造一个客观的场景。这种方式可以刺激学生的感官，促进他们对教学内容的感知和理解。然而，这种方法对于学生抽象思维能力的培养有不利影响。而用法语描述情景则可以填补这方面的缺陷。在学生掌握了一定的词汇和语法知识之后，使用言语描述情景的效果会更佳。言语描绘情景有助于培养学生的抽象思维和联想能力。它适用于法语输入和输出的各个阶段。举个例子，在法语输入阶段，教师可以将教学的单词串成一个故事向学生讲述，学生根据老师的描述在脑中呈现出相关画面，并感知新的法语知识。在输出阶段可以让学生根据所学的词汇和语法编故事、对话或短剧，由此可以激发活跃学生的思维能力。

7. 游戏

游戏是一种常见的娱乐方式，在法语教学中也经常被运用到。游戏常常用来激发学生的兴趣，制造出一种轻松、愉悦的氛围。学生在游戏的过程中不仅满足了自己的娱乐需求，同时也学会了法语知识并掌握了相应技能，实现了玩耍和学习的双重效益。也就是说，他们在寓教于乐中取得了很好的成效。学生在游戏活动中思维更加活跃，更加有自信，变得更加乐观。游戏应当考虑学生的心理发展特点，同时具备有趣、富含知识和灵活的特点。为了让学生对法语知识产生浓厚的兴趣并积极参与，需要灵活采取不同的游戏形式来教授不同的法语知识。

8. 多媒体教学

多媒体教学是一种利用计算机将视听技术和图像处理技术有机结合起来并运用于法语课堂教学中的教学方法，能够最大程度地优化教学效果。多媒体教学打破了传统教学模式的限制，采用现代化的方法整合视频、图像、文字、声音等元素，创造出更为生动、形象、丰富的教学环境，有效地促进了教学效果的提升，唤起了学生的学习热情和创新意识，拓宽了学生的知识面。多媒体教学可以帮助教师营造良好的法语学习氛围，并可优化法语课堂教学效果。

（三）一般程序

1. 情景导入

这是学生新接触法语材料的阶段，也是法语学习的输入期。教师可通过呈现实物、图片、投影等方式创设静态情景，帮助学生理解新词语和句型，建立形、音、义的联系，实践活动主要是听音、仿说等。

2. 情景操练

这是学生对法语材料的练习阶段，也是法语学习的半输入、半输出期。在这个阶段，教师可通过录像、视频、体态语等方式创设动态情景，让学生做机械性或替代性练习，让新的法语知识得以巩固。

3. 情景运用

这是学生对法语材料的活用阶段，也是法语学习的输出期，教师可以通过创设故事性情景，如角色扮演、小品表演等，培养学生灵活运用法语的能力。这是交际能力的形成时期。

（四）具体实施方法

在很长一段时间里，我国法语教学占主导地位的是传统的语法翻译法，特点是以教师的讲解为主，学生处在被动接受的地位。显然，这种教学模式不利于培养学生的兴趣，不利于调动学生的积极性。虽然目前情景再现式教学法还没有作为一种独立的教学操作模式，但90年代以来，情景再现式教学法已开始受到重视，并逐渐被应用到法语教学实践中，收到了良好成效。下面简略说明情景再现式教学法在实施过程中使用的具体方法。

1. "五因素十字"教学法

我国外语教育学家章兼中提炼出"五因素十字"积极教学法，为情景再现式教学法在中国的发展付出艰辛的劳动，功不可没。所谓"五因素十字"，即"情意（情感意志）、情景、知识、交际和方法"。该教学法强调，让学生怀着愉快积极学习和勇于克服困难的意志，在情景中掌握词汇和句型结构。

章兼中认为，外语教学的成功，内驱力方面在于情感与意志的激励，外显活动方面在于一定情景中进行交际。因此，学习法语只有在一定的情景中才能理解和表达真实意思。

这里的情景有两个方面：一是指人们创设的模拟情景和少量的法语教学真实情景；二是指在情境中初步理解法语话语（或课文）的意义和进行法语话语意义性的操练，然后进一步进行句型操练、理解抽象规则和积累感性法语材料。

情景创设的方法很多。章兼中提供了常用的、较易操作的几种方法：身势语、实物和图形、声"像"直观（声音直观与实物直观相结合）、社会自然的情景和言语描述情景。

2. 五步教学法

五步是指复习、介绍、操练、练习、巩固五个环节。

复习就是教师通过对以前所学过的知识的回溯，导入本课新知识的预备阶段；再通过介绍这一环节，将新的法语知识通过示范表演进行呈现，使学生获得感性认识；之后以操练这个环节，把学到的知识与实际运用有机地结合起来，即从认识到实践；然后设计适当的交际活动，让学生运用所学到的知识独立交流，提高熟练、流利程度。最后在巩固阶段，将所学知识进一步深化。通常操作如下：

（1）复习。就是在强化本节课内容的同时，回顾以前学过的知识。开课前的复习是至关重要的，复习让学生快速进入学习状态，调整好状态，让学生充满活力并积极参与法语课堂学习活动，从而提高教学效果。

（2）介绍。在这个阶段中，教师会通过示范表演来向学生展示新的法语知识，以期让他们能够通过感性认知来理解和领会这些知识。在这个过程中，学生会通过感知和感受的方式对所学知识进行认知，从而将新的知识信息储存在自己的短时记忆中。这也会激活他们的长时记忆，并且帮助他们构建新的语言意义。

（3）操练。一旦新知识被介绍，教师应迅速营造情景，让学生有目的地进行实践。在五步教学法中，操练是核心环节，教师的角色是指导学生积极参与各种课堂活动，以进行有效的操练。在活动过程中，要求每位学生都能够思考、表达和实践。要让学习法语的活动形式多样、有趣，从而激发大部分学生对法语学习的兴趣，并在学习中展现积极性。

（4）练习。设计适合法语课堂上所学知识特点的学习情景，例如角色扮演、小品表演等，通过练习，使学生能够灵活运用法语交流，培养他们的交际能力。

（5）巩固。教师可以引导学生开展形式多样的小组合作活动，将所学知识进一步深化。

第四章　互联网+背景下高校法语教学模式创新

本章主题为互联网+背景下高校法语教学模式创新，主要分为微课教学模式的构建与实践、翻转课堂教学模式的构建与实践、多模态教学模式的构建与实践三部分。

第一节　微课教学模式的构建与实践

随着网络多媒体技术的引入，人们的学习方式逐渐发生改变。在互联网及"微时代"的双重影响下，微课教学模式已经悄然进入高校法语教学的领域，并成为人们探索新型教学模式的一个重大突破口。可以说，微课是一种新的网络学习资源，其在国内迅速发展，成为网络多媒体环境下的高校法语信息化教学模式之一。

一、微课教学模式概述

（一）微课教学模式的内涵

从字面上来说，"微课"有如下三个层面的意义。（1）对于"课"这一概念来说，微课是"课"的一种，是一种课式，呈现的是一种短小的教学活动。（2）对于"课程"这一概念来说，微课同样是有计划、有目标、有内容、有资源的。（3）对于"教学资源"这一概念来说，微课具有丰富的教学资源，如数字化学习资源包、在线教学视频等。

但是，对其内涵进行挖掘，可以发现微课是一种具有单一目标、短小内容、良好结构、以微视频为载体的教学模式。微课的最初理念是通过正式或者非正式的学习方式，使人们不断对短小、主题集中、与实践紧密结合的专业知识进行学习，从而提高学习效果，促进知识的内化。

在这一理念基础上，我国学者对微课教学模式展开了重点研究，很多学者提出了自己独到的见解。

黎加厚认为，"微课是时间在十分钟内，教学目标明确、内容短小，能够对某一问题集中说明的微小课程"。①

焦建利认为，"微课是以某一知识点为目标，其表现形式是短小精悍的在线视频，主要应用于教学和学习的一种在线教学视频"。②

胡铁生、黄明燕、李民认为，"微课又可以称为'微型课程'，是在学科知识点的基础上构建和生成的新型网络课程资源。微课以'微视频'为核心，包含很多与教学配套的扩展性或支持性资源，如'微练习''微教案''微反思''微课件'等，从而形成了一个网页化、半结构化、情境化、开放性的交互教学应用环境和资源动态生成环境"。③

上述这些学者的概念具有针对性，并在一定程度上反映出微课教学模式的基本特征，虽然具体内容存在某些差异，但是其理念和核心基本一致。微课从本质上是一种对教与学进行支持的新型课程资源，而且微课与其他与之匹配的课程要素共同构成了微课程。当学生通过微课教学模式开展学习时，他们就是以微课作为媒介与教师产生交互活动，通过面对面辅导、在线讨论等进行直接交互，从而产生有意义的教学。从这点来说，其属于教学论的范畴。

（二）微课教学模式的要素

从微课的课程属性出发，微课需要具备必备的课程要素。具体而言，主要涉及四大要素：目标、内容、活动、工具。

1. 目标

目标是指教师期望教学所要达成的结果，主要包含以下两层含义。

（1）应用目的，即设计开发微课教学模式的原因。这与微课教学模式是在

---

① 黎加厚. 微课的含义与发展 [J]. 中小学信息技术教育，2013（04）：10-12.
② 焦建利. 微课及其应用与影响 [J]. 中小学信息技术教育，2013（04）：13-14.
③ 胡铁生，黄明燕，李民. 我国微课发展的三个阶段及其启示 [J]. 远程教育杂志，2013，31（04）：36-42.

课前、课中还是课后运用有关，如为学生的课后练习提供指导而制作的相关练习讲解的微课。

（2）应用效果，即教师在使用微课教学模式后期望学生所能够解决的具体问题，如掌握某一体裁的法语写作方法、阅读理解题的解题技巧等。一般来说，微课教学模式的目标是具体、明确、单一的，其对于微课内容和应用模式的选择有着重要的指导意义。

2. 内容

微课内容是指为微课教学模式预期服务的，与特定学科相关的有目的、有传递意义的信息与素材。也就是说，高校法语微课教学模式的内容是教师实现预期目标的信息载体。教师应根据微课的目标，并结合学生的学习情况以及准备应用的教学阶段等教学实际，来设计微课教学模式的内容。微课内容不同，教师对教学活动的设计也不一样。但是，由于微课的时间很短，内容上往往具有主题明确、短小精悍的特色，因此需要教师对微课内容进行精心选取。

3. 活动

活动是主体与环境的相互作用过程，其中环境涉及主体本身、其他主体以及客体。这里所说的"教学的活动"是指教师这一活动主体与特定微课内容这一客体之间的相互作用过程，通过这种相互作用，将教学信息向学习微课的学生有效传递出来，以帮助学生对课程内容进行理解与思考。教学的活动是实现微课目标的一种有效方法。从方法上来说，教学的活动可以分为教师的演示、讲授、操作及其与其他主体间的互动等活动类型。

4. 工具

要想完成微课中教学的活动，教师必须借助某些特定工具来保证学生能够正确理解微课内容的意义，从而实现学生与微课的相互交流。在微课教学模式中，这种工具主要包含以下两种。

（1）交互工具

交互工具指的是在学生进行微课学习时，能够促进学生与微课间进行操作交互和信息交互的工具。其交互的类型与形式如表4-1-1所示。

表 4-1-1　微课交互的类型与形式

类型	形式	直接交互对象
概念交互	引发认识冲突的语言	学生与多媒体信息
概念交互	引发认识冲突的画面	学生与多媒体信息
概念交互	具有提问性质的言语	学生与多媒体信息
信息交互	叙述性的言语	学生与多媒体信息
信息交互	叙述性的画面	学生与多媒体信息
操作交互	人与机器间的交互工具	学生与交互界面

（2）信息呈现工具——多媒体

使用多媒体技术可以更好地帮助教师传达和阐释教学内容，提高学生与微课学习资源之间的互动效率。比如微课中所呈现的课件、动画、图形、图像等。

总之，微课这四大因素是相互影响、相互关联的。

二、微课教学模式的优势

（一）不受时间、空间限制

众所周知，课堂教学的传统模式就是上课的时间是规定好的，上课的地点也是固定的，因此，大学使用这种教学模式就会对学生完成教学任务、吸收知识与课后的评价产生制约。运用微课正好能缓解这些限制。当前科技快速发展，网络也遍布全球，学生在任何时间和空间都能应用网络，几乎人人都有手机，为学生随心所欲地观看微课提供了现实条件。这样，学生就可以随时随地完成课前预习、课后复习、背景了解、知识巩固等各种学习内容。在通过微课进行学习的过程中也能提升学生的自主学习能力。

（二）短小精悍，针对性强

美国圣胡安学院高级教学设计师戴维·彭罗斯在2008年率先提出了"微课"一词，并且指出微课就是未来教师为了向学生传递知识点与概念制作的短视频，每段视频大概为1—3分钟。近些年来，我国研究微课的人也越来越多，研究逐渐深入，许多专家对微课进行了定义。胡铁生指出，通过微型教学视频对某个知识点与教学环节设计开发的新型情景化、能够支持多种学习方式的在线网络视频课程就是微课。[1] 在国内外众多学者对微课的定义中可以看出，"微"是其核心，微课最重要的一点就是短小精悍。当前社会是信息化社会，众多的信息都需要人们去接收，也有更多的事情等着人们去做，学生在课下不可能会花费相当多的时间去观看学习视频。而每段微课视频的时间都很短，针对的是一个知识点，并将这个知识点中所有的重点内容都呈现于视频之中，不必花费学生太多的时间，也更容易让学生清楚，使学生在进行课堂学习时拥有更高的学习效率。

（三）模式新颖，有吸引力

微课的兴起是一种新颖教学模式的尝试，对于学生学习来说非常有吸引力。它让单一枯燥的法语学习变得生动灵活、丰富有趣。在微课视频中，不受到时间地点的限制，就能遨游世界，领略各地风采；同时教师还可以利用微课，以图片和声音相结合的方式讲述内容，进行有目的的安排。提高学生学习法语的兴趣，吸引学生的同时让学生学会相应的知识。

（四）类型多样，灵活方便

微课操作起来相当灵活方便，按照教学需要能够开展各种各样的微课形式。胡铁生提出，微课可以根据教学内容性质、教学方法、使用对象和主要功能、最佳传递方式、微视频的主要录制方法等分成几种不同的种类。举例来说，根据教学方法的不同，将微课分成讨论类、实验类、探究学习类、问题类、练习类等；根据最佳传递方式的不同，将微课分为活动型、解题型、讲授型等几种类型；根据录制方法的不同，将微课分为录屏型、摄制型、混合式等几种类型。教师必须在教学需求的基础上设计微课课程，微课虽然短小，但凝结了教师的教学理念和设计思路。

三、高校法语微课教学模式实施步骤

随着教育信息化的发展，微课在高校法语教学中得到广泛应用。这种新的教学方式能够有效改变传统填鸭式教学模式，从而更好地激发学生的自主学习能力，促进学生的进一步提高。教师应该抓住时代赋予的机会，通过更新教学理念和采用信息化手段，真正实现共建共享教育教学资源，并提高微课对高校法语教学的服务质量。

---

[1] 胡铁生. 微课的内涵理解与教学设计方法 [J]. 广东教育，2014（04）：33-35.

（一）搜集素材阶段

微课是建立在特定主题基础上的，这些特定的主题包含某个知识点、核心的概念、某一教学活动或者某一教学环节，其具有明确的教学目标和内容，并且能够在较短的时间内解释清楚，并能够激起学生的学习兴趣，使学生能较快掌握该特定主题内容。

微课教学包括题型精讲、知识拓展、技能演示、知识讲解、方法传授、总结归纳、教学经验分享以及教材解读等多种不同类型的内容。

相比于游戏，人们对于学习的兴趣往往没那么大，因此在短时间内利用微课进行泛化学习是很难得的。为了激发学生的学习兴趣和保持学习动机，微课的选题应该生动有趣，形式上也确保短小精悍。而对于那些与主题不相关，凸显主题不明显，没有任何特色的内容或活动，在设计和制作中可以摒弃掉，因为这些只会增加微课内容的冗余和负担，并不会产生积极的效果。

（二）微课设计阶段

要想搞好微课教学课程的设计与制作，必须满足两个条件：一是微课教学课程的重要性；二是微课教学课程的趣味性。一般来说，前者是第一位的，学生只有明确感知课程的重要意义，才能愿意去学习，由"让我学"转向"我要学"。后者是对前者的补充，为了保证微课教学的有效性，在设计和制作时必须将趣味性融入进去，这样才能实现课程重要性与趣味性的完美结合。

通过对国内外微课进行分析不难发现，在进行设计时需要先对教学任务、学生特征、学习内容等层面进行分析，进而制订适合的学习目标，然后从教学环节、内容、方法等角度出发确定微课类型及其组成要素，最后进行评价和反馈等。在对课程内容进行选择时，设计者或者教师应该选择那些与学生生活、学习密切相关的情景，从而帮助学生解决自己现实化的问题，让学生认识到法语学习的重要意义，激发他们的学习兴趣，保持法语学习的动机。

所以，在进行微课教学的设计与制作时，应该尽量降低学生的认知负荷。根据认知负荷理论，学习材料的组织方式、呈现方式、复杂性以及学生的先验知识是影响学生认知负荷的基本要素。但是，由于微课具有内容短小、主题明确等特点，因此要想保证能够在较短时间保证内容的清晰和生动，就需要将复杂问题简单化，避免给学生带来太大的压力，即适度安排原生性认知负荷，将无关性认知负荷做到最低程度，实现认知负荷的优化。

当微课教学完成后，对学生的学习效果进行的形成性评价对于巩固学生的知识、强化学生的认知有着重大意义。因此，在微课视频的支持材料中，应该给予适度的练习题，以对学生的所学加以巩固。在练习题的设计上，可以是选择题，也可以是思考题，但是都不要太多，避免给学生造成负担，这样能够让学生主动、积极地完成学习任务，乐意参与其中。

在进行微课设计和制作过程中，一定要坚持以学生为中心，因为微课教学的对象是学生，是为学生服务的。具体来说，要充分考虑学生的实际需求，激发学生的学习兴趣和积极性，充分体现学生的主体地位，站在学生的视角和高度对课程内容、学习活动、各种资源进行设计和组织。

（三）微课视频制作阶段

在微课教学模式中，视频是其核心内容，大多会采用流媒体的形式将教学过程呈现出来。微课视频的过程要尽量简短，这是与记忆的信息加工理论相符合的。

1. 注意事项

在法语微课的制作过程中，应将微课视频的时间控制在 10 分钟左右，对教学内容进行精心选择，将教学重点突出出来，应做到全面、生动，同时保证所选择的教学资源或 PPT 与主题之间的逻辑关联性。

由于微课教学模式的类型不同，其教学主题的导入方式也必然存在差异，但是都需要建立在准确、快速、新颖、生动、有趣的基础上，这样才能更好地吸引学生的注意力。在微课起始阶段，可以开门见山地引出主题，或者采用承上启下、设置悬疑等形式；也可以从学生熟悉的视角出发引入主题。但相比较而言，后者的效果会更好。在收尾阶段，微课视频应该确保简洁明了，给学生留下足够的回味、思考空间。这样不仅可以减少学生的记忆负担，还能够加深学生的印象。但需要注意的是，不是所有微课教学视频都需要小结，但是给学生留下足够的思考空间才是更必要的。

2. 制作方法

微课视频制作的方法，主要有五种。

第一，动画讲解型。动画是一系列按时间顺序排列的图像，它们之间具有递进性。教师的讲解声音是教学过程中的时间轴，根据时间轴的位置，教师可以将教学内容中的文本变化、图像变化、数据变化等呈现出来，这就构筑成一段教学动画，从而转换成微课视频。在动画讲解型微课视频的设计和制作中，可以利用二维动画来制作，从而将漂亮的动画型微课视频呈现出来。一般来说，任何具有过程性的、有趣的讲话录音都可以被制作成动画。

第二，屏幕录制型。屏幕录制型微课教学视频是运用多媒体课件、PPT、计算机工具或软件等教学材料，在计算机屏幕上加以显示，教师对着计算机显示的材料进行讲解，或者教师直接在计算机显示器上书写教学内容，然后再将屏幕展示的内容、点评、声音等录制下来，成为微课视频。屏幕录制型微课教学视频制作方法方便、简单，但是制作的质量也存在明显的差距。最好选择在合适的时间、安静的房间，避免出现嘈杂的声音。同时，教师的讲解也需要亲切、流畅、自然，避免出现错误、咳嗽、停顿、翻书杂音等情况。教师可以提前将讲解词写好，这样有助于保证其质量。

第三，教学录像型。教学录像型是将教师的讲课、示范、演示等教学活动运用录播系统或者摄像机拍摄下来，制作成微课教学视频。其中的教学活动可以在室内进行，也可以在室外进行，如教室、演播室、实验室、室外操场、微格教室等。

第四，视频剪辑型。优秀的微课教学视频应该如电视教学短片一般，综合地使用各种影视拍摄技巧，再加上后期制作。在视频剪辑型微课视频中，一般需要涉及教师或主讲人的讲解、演示、示范，这能够将教师或者主讲人的主持和风采体现出来。在微课教学视频中也会涉及师生之间的互动、实训实践或者实验操作等。

第五，多媒体讲解型。多媒体讲解型微课教学视频是利用方正奥思、Authorware、PPT等多媒体工具，将文本、图像、动画、图形、视频等多重元素进行同步讲解，并通过直接转换，录制成多媒体课件自动讲解的微课教学视频。一般来讲，多媒体讲解型微课教学视频的质量是由多媒体课件决定的，需要流畅的讲解、清晰的画面、同步的声画以及良好的效果。并且，解说词也需要事先写好，录音的过程要避免出现错误，在噪音上也需要做特殊处理。

微课视频拍摄的方式有多种，教师可以根据自身的需求来灵活选择，如可以选用数码摄像机、录屏软件录制，也可以选择智能手机拍摄。

（四）微课视频发布阶段

微课视频与相关支持材料设计与制作完成后，应该将其上传到网络。如果是为了参加某些微视频设计与制作的比赛，那么就需要上传到指定的平台，并且根据规定调整好速率、分辨率等参数，以及填写好参赛信息等。如果是为了专门的教学而设计与制作的视频，那么就应该传到教学网络平台，并且按照平台对用户的评价进行回答、反思或者作出反馈等。学生通过上传的视频进行网络学习或移动学习。在观看与学习微课视频的过程中，学生如果遇到生词或难以理解的句子，可以通过点击"暂停""重放"按键来调节学习速度，进行反复学习，直到掌握为止；如果遇到难以解决的问题，学生也可以向教师请教，或与学生进行讨论，这对学生自主解决学习问题能力的培养非常有利。

四、微课教学模式的实施建议

就当前的教学实践来说，微课教学模式有着重要的发展前景。虽然微课的设计是当前研究的重点问题，但是也不能忽视微课教学模式在教学实践中的应用。因此，下面就高校法语微课教学模式的实施提出一些建议。

（一）建立微课学习平台

微课教学模式主要建立在视频这一载体上，同时还需要一些辅助模块，如微练习和互动答疑等，这些对于提高学生的学习兴趣、培养教师的信息化应用能力十分有益。其中，一个较为创新的方法是微慕课平台，可以使微课教学模式展现出慕课教学模式的系统性和专业性。这一平台具有一定知识含量，且具有结构灵活、系统性强、制作成本低等优点。

（二）提升微课录制技术

微课录制技术要尽可能地简单，使教师乐于录课，并能够快速提升自己的微课录制技术。另外，微课的研究人员需要在网络多媒体技术上进行改进和发展，尽可能地使微课教学模式得以普遍推广。

（三）加强资源开发，实现共建共享

当前的高校法语教学中仍旧存在着教学资源不均衡的情况，而微课的出现，

使得优质教学资源通过网络传送到全国的高校中，从而实现资源共享。

（四）激发学生学习兴趣

高校学生长期处于应试教育的模式下，对于学习法语早已没了耐心和信心。因此，为了在高校法语教学中有所突破，需要寻求独特的方法。使用微课的方式来激发学生的学习兴趣是一个有效的选择。基于对教材和学生的深入分析，教师可以结合学生的感性需求，设计微课视频，并在课堂导入环节运用这些微课视频，营造出独具特色的教学氛围。经过精心设计，微课作品能够在课堂上迅速吸引学生的眼球，引起学生的学习兴趣，进而激发他们的学习兴致，为他们营造一个轻松愉快的学习氛围，同时还能培养学生学习本单元法语知识的专注力。

（五）将微课与教学深入结合

为了发挥微课教学模式的最大作用，需要将微课与教学的各个环节深入结合，具体方式如下。

1. 将微课与重点、难点教学结合

对于一节高校法语课来说，虽涵盖了众多的知识点，但是通常会有一到两个难点和重点。如果学生在理解这一两个难点和重点时出现问题，那么会影响学生整堂课的学习质量。因此，作为教师，要关注教学的主要矛盾，集中注意力帮助学生把握住核心知识，攻克难点，纠正易错点，以提高学习效率。微课的教学目标明确，而且简短有力，非常适合解决教学重点、难点和容易出错的问题。

2. 将微课与巩固练习结合

在法语巩固训练阶段，微课可以起到至关重要的作用。目前常见的微课制作软件通常都可以进行录屏和练习设计，教师可以在视频末尾设置一个巩固练习来检验学生的学习效果。相较于纸质练习，微练习更加直观易懂，易于操作，且形式多样，更富有吸引力，更能引起学生的兴趣。例如，教师可以在学习虚拟语气后，设计一个"虚拟语气快乐闯关游戏"，让学生分小组进行竞赛，增强学习趣味性并提高学习效果。这样做能够让检验学生学习成果的过程更加愉悦轻松，同时也能够发现学生掌握知识的短板，将其作为今后教学重点并加以解决。

3. 将微课与拓展延伸结合

在高校法语教学中，拓展延伸是一项更高层次的要求。它建立在学生掌握了原有知识的基础上,通过拓宽视野、学习新知识和开拓新思路等手段,进一步提高学生的学习能力和思考能力,因此,拓展延伸需要深入挖掘,以激发学生的创造思维为目标,同时注重提升趣味性。创新地利用微课的特点,拓展延伸到不同领域,以实现更多的功能。

4.将微课与成果交流结合

成果交流是学生通过展示自己的学习成果与他人互动的有效方式,有助于促进学生之间的良性交流。通过成果交流,学生可以更好地了解自己与其他同学的差异。同时,成果交流可以激发学生的好胜心和求知欲,促进师生之间的情感交流,还能营造一个轻松、友好的氛围。通常,传统的成果交流采用PPT演讲或展览会的方式进行,但这种方式缺乏真实感,交流的时间和空间具有局限性。但是,采用微课形式可以有效地解决这个问题。

第二节 翻转课堂教学模式的构建与实践

一、翻转课堂概述

(一)翻转课堂的内涵

"翻转课堂"与传统课堂不同,也称为"颠倒课堂"。传统的教学模式是教师在课堂上授课,并且留作业让学生在家练习。翻转课堂的教学模式与传统的课堂教学截然不同,它要求学生在家自主学习知识,而课堂则成为教师、学生以及学生之间互动的场所,这种互动包括答疑解惑和知识的实践运用等。这样,课堂就成为学生消化和巩固知识的地方,从而取得更好的教学效果。传统的教育流程一般可以分为两个阶段,第一阶段是知识的传授,第二阶段是知识的内化。教师在课堂中讲授知识,学生则需通过作业、操作或实践来内化所学知识。在翻转课堂中,传统教学模式被改变,先通过信息技术在课前传授知识,然后在课堂上借助教师和同学的协作来巩固和内化所学的知识,这就是翻转课堂。随着教学顺序的翻转,课堂学习中的各个环节也出现了变化。

（二）翻转课堂的特征

1. 教师角色转变

最初，教师扮演的是传授知识的角色，但现在他们已经转变成了学习引导者和推动者。在翻转课堂中，学生的主体地位得到充分体现，教师不再是课堂的唯一决策者，而是与学生一同构建知识的共同体。教师的主导地位不仅没有被削弱，反而更加强烈。教师需要熟悉并掌握多种学习活动的组织策略，如问题导向学习、项目式学习、小组合作学习、情景模拟学习等。其次，教师的作用不只是传授知识，还发挥着设计和开发视频资源，以及提供相关教育资源的作用。教师在上课前应该提供必要的教学资源，诸如有关法语知识的教学视频、教学 PPT 以及其他的网络资料等。这样，学生就能更好地掌握所学知识。教师会在学生需要时从旁指点。因此，可以说教师是学生获取资源、利用资源、处理信息、将知识应用到现实情境中的"脚手架"。

2. 学生角色转变

采用翻转课堂教学模式实施个性化学习，可以让学生自主调整学习进度，学生能够自由设置学习时间和地点，并灵活掌控学习内容。学习过程的主导者是学生，他们不再像传统课堂上那样被动接受知识。学生可以选择协作学习或小组学习等方式，更好地掌握并吸收所学知识。学生从原先纯粹消耗知识的角色转变为创造知识的角色，有些学生可能因为掌握得比较快，能够担任起帮助其他学生学习、承担教师角色的任务。

3. 课堂时间重新分配

翻转课堂的另一个主要特点是减少教师的讲授时间，在课堂上为学生留出更多的学习活动时间。这些学习活动应当以真实场景为基础，并设计为互动协作的形式，让学生通过合作完成任务。翻转课堂模式将原本在课堂上讲授的内容放到课后自主学习，使得课堂时间可以用于加强学生间的互动和合作，而不会削减基础知识的展示量。因此，这种方式有助于学生深入理解所学的知识。此外，教师基于绩效评价时会更加注重课堂内的互动效果，从而提高教学质量。

学习是人类最有价值的活动之一，时间是所有学习活动最基本的要素。[1] 如果想提高学习成绩，那么充裕的时间和高效率的学习是必不可少的。翻转课堂的

---

[1] 远新蕾，赵杰，陈敏. 信息技术支持下的课堂教学[M]. 北京：冶金工业出版社，2017：32.

特点在于将"预习时间"最大化，为教师的教与学生的学留出充足的时间，教师要充分利用课上的时间，优化课堂。

4. 学习互动增加

翻转课堂能够有效地帮助教师和学生，以及学生与学生之间实现互动。在观看教学视频后，学生在课堂上积极参与、主动提问、互动讨论，教师进行解答，这种方式有助于学生在学习中扮演主角，培养他们的自主学习能力，从而提高学习效果。利用翻转课堂模式，教师可以为学生提供教学视频，学生可以利用视频预习下一节课知识并进行深入学习，而课堂上的时间则主要用于学生提问疑问、教师答疑解惑和学生之间互相讨论等，翻转课堂实现了以学生为主体的教学模式，通过翻转课堂，学生的学习热情得到了极大提高。同时教师可以在课堂上进行评价，从而增强课堂互动的有效性。学生可以通过教师的评价反馈，更真实地看待自己的学习状态，从而更有效地掌控自己的学习。

二、高校法语翻转课堂教学平台构建

在实施翻转课堂教学设计的过程中，现代教育技术成为实现学生"课下知识获取"和"课堂知识内化"的有力手段。如果缺乏现代教育技术的支持，学生的课余时间便难以获得教学资源，也无法与教师和同伴实现无障碍沟通，这会导致学习盲目无效，效率也会变得低下。只有借助现代教育技术，才有可能顺利高效地掌握知识。教师可以随时了解每个学生的学习进度和掌握程度，并准备相应的探究活动，以课堂探究活动的方式刺激学生的学习和思考，并促进他们对知识的吸收和内化。

翻转课堂教学平台包含四个主要模块：资源发布共享模块、交流互动功能模块、学习检测跟踪模块、资源推荐功能模块。

（一）资源发布共享模块

教师在管理教学资源方面起着关键作用，他们发布预先录制的教学视频和与学习有关的资源，让学生可以自由下载。此外，教师还会协助学生将各个相关的知识点联系起来，创建知识脑图或知识结构化网络图，使学生可以全面理解知识点之间的关系，并且方便学生进行相关知识点的搜索。如果学生在学习中发现有用的资源，他们可以在经过教师审核后将其上传到平台，与其他同学分享。

（二）交流互动功能模块

这个功能模块可以让用户实现在线发帖、进行实时语音和视频通话等互动交流功能。当学生在自主学习时遇到疑问，可以与教师和同学实时在线交流和讨论，以求解疑惑。这个功能能够让学生在独自学习时避免感到孤独和失落，从而让学生更加高效地获取知识。

（三）学习检测跟踪模块

通过使用学习检测跟踪模块，教师可以实时获知学生在课程外的学习进度和知识掌握情况，以便灵活安排探究活动，帮助学生更好地掌握和运用所学知识。要进行学习检测，需要先建立正确的检测结果模型，以便让计算机能够自动分析出哪些答案是正确的，哪些答案是错误的。在观看教学视频后，学生开始进行在线知识测试。教师可以通过系统自动分析学生检测结果数据和正确检测结果模型的对比情况，了解学生每一题的正确率。教师登录系统查看学生学习进度，同时还能发现他们在掌握知识点方面所面临的困难区域。

（四）资源推荐功能模块

通过对学生知识测试结果数据的分析，资源推荐功能模块能够确定学生学习过程中的难点和薄弱点，从而提供个性化的学习资源，帮助学生更好地理解知识。

三、高校法语翻转课堂教学的整体策略

翻转课堂作为一种颠覆传统课堂的教学模式，其教学设计过程当然不同于传统教学设计过程。虽然国内外出现了各种各样的翻转课堂教学，但它们都建立在课程资源、教学活动、教学评价和支撑环境这些要素的基础之上，因而翻转课堂教学的设计也是以此为依据的。

（一）明确法语教学流程

翻转课堂的实施包括教学设计、准备教学资源、组织教学活动、效果评价与完善几个阶段，基本流程如图 4-2-1 所示。

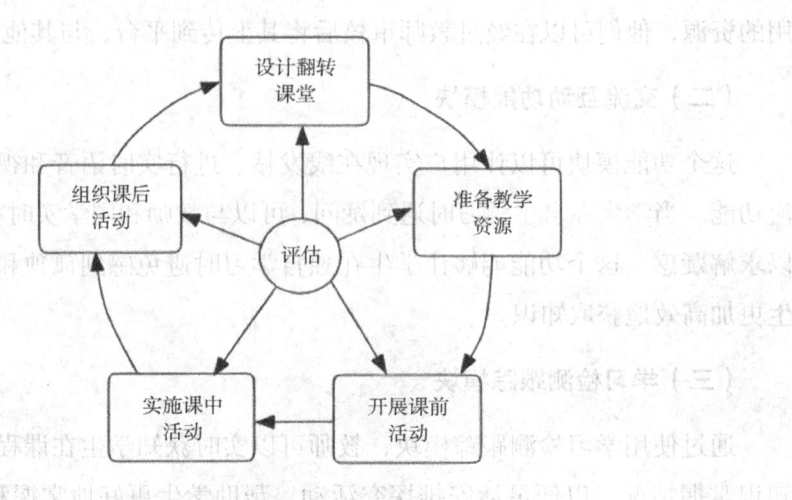

图 4-2-1 翻转课堂教学流程

1. 设计翻转课堂

翻转课堂教学在实施前需要先进行整体设计和规划，其内容主要包括合理选择教学内容、确定多维教学目标、设计教学过程、教学资源、教学活动与教学评价等，并对各要素进行有机组合与衔接，形成科学的、可行的教学设计方案。

2. 准备教学资源

（1）教学视频

教师可以根据学生的认知水平与特点，自行录制教学视频，也可以直接使用现成的优质教学视频。教学视频应短小精悍，教学时间一般不超过10分钟，便于学生有足够的时间与耐心观看、学习视频内容。

（2）学习任务单

学习任务单主要用于检测学生的课前学习效果，帮助教师把握学生对课前学习知识的掌握情况。学习任务单一般配合教学视频使用，其内容可以是习题、学习作品制作要求等。

3. 开展课前活动

如图 4-2-2 所示，翻转课堂的课前活动一般包括教师利用网络平台预设教学视频、在线进阶练习等资源；学生应用学习终端观看微课学习资源，完成相应的在线练习；教师检查网络教学平台中记录的全体学生、个别学生的学习数据，了解学生的学习情况，并在此基础上设计出更具针对性的课中教学活动。当然，学生在课前自主学习过程中，可以随时通过论坛、留言板等社交媒体与同学、教师进行互动交流，分享各自的学习收获，探讨学习过程中遇到的疑惑，互相解答。

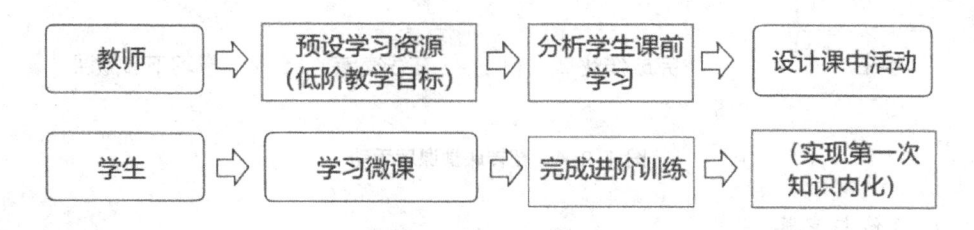

```
教师 ⇨ 预设学习资源     ⇨ 分析学生课前 ⇨ 设计课中活动
       （低阶教学目标）      学习

学生 ⇨ 学习微课 ⇨ 完成进阶训练 ⇨ （实现第一次
                                  知识内化）
```

图 4-2-2　翻转课堂课前活动

4. 实施课中活动

如图 4-2-3 所示，翻转课堂的课中教学活动一般包括教师根据学习内容的知识脉络进行梳理、归纳，讲解重难点，按高阶教学目标设定任务、问题、练习等，组织小组学习、探究与讨论活动；学生按要求完成课中学习活动，汇报与展示学习成果；教师组织交流与评价，帮助学生完成第二次知识内化，达成高阶教学目标。当然，不同学科与不同单元内容在教学实施上也会有较大的差异，上述给出的流程只是一般性的活动流程。为帮助学生在课中达到高阶教学目标的要求，课中的教学活动可以是基于解决问题的自主探究、学习任务驱动的协作探究等。

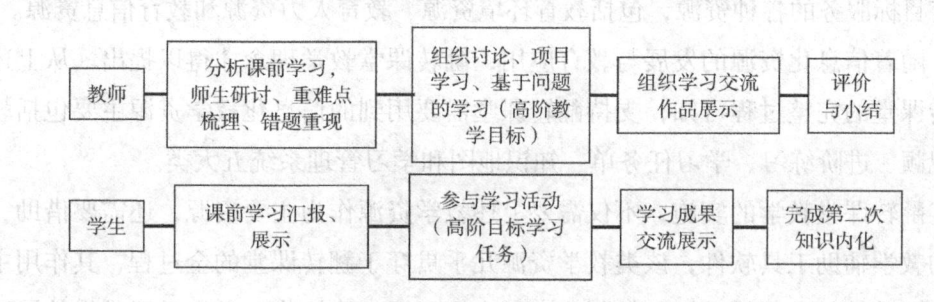

```
教师 ⇨ 分析课前学习，  ⇨ 组织讨论、项目 ⇨ 组织学习交流 ⇨ 评价
       师生研讨、重难点     学习、基于问题     作品展示         与小结
       梳理、错题重现       的学习（高阶教
                           学目标）

学生 ⇨ 课前学习汇报、 ⇨ 参与学习活动   ⇨ 学习成果   ⇨ 完成第二次
       展示                （高阶目标学习     交流展示     知识内化
                           任务）
```

图 4-2-3　翻转课堂课中活动

5. 组织课后活动

如图 4-2-4 所示，翻转课堂的课后活动一般包括教师根据学生的学习情况分层布置作业（有时会把学习下一节微课作为作业），学生按要求完成作业，并利用网络平台进行研讨与交流。同时，教师往往还需要将学生的作业进行整理评价，并在平台上与全班学生进行分享。

教师 ⇨ 分层布置作业 ⇨ 在线指导 ⇨ 批改作业、了解学生课前学习

学生 ⇨ 完成作业 ⇨ 在线交流 ⇨ 学习下节微课

图 4-2-4　翻转课堂课后活动

6. 评价与完善

教师收集翻转课堂教学过程中的各种反馈信息与数据，分析整体学生与个别学生的学习成效，反思与评价整个教学过程，根据评价结果对翻转课堂整个实施过程及其要素进行优化与完善。

（二）开发法语教学资源

其一，支持翻转课堂的信息化教学资源。广义的教学资源是指用于教与学过程的设备和材料，以及人员、预算和设施，包括能帮助个人有效学习和操作的任何东西。而随着信息技术的发展，信息化教学资源的概念就出现了，它是指在以网络和计算机为主要特征的信息技术环境下，为教学目标而专门设计的或者能为教育目标服务的各种资源，包括教育环境资源、教育人力资源和教育信息资源。

随着信息化资源的发展与教育应用，翻转课堂教学理念才得以提出。从上述翻转课堂的完整过程可知，支持翻转课堂需要用到的信息化教学资源主要包括教学视频、进阶练习、学习任务单、知识地图和学习管理系统五大类。

翻转课堂教学的实施，不仅需要上述教学资源作为主要资源，还需要借助一定的教学辅助工具软件，该类教学资源几乎贯穿于翻转课堂的全过程，其作用主要是帮助教师进行教学视频的制作、师生间开展交流协作、学生学习成果的展示等。按照作用于翻转课堂教学开展过程中的不同方面，可以将教学辅助工具分为视频制作工具、交流讨论工具、成果展示工具和协作探究工具四类。

其二，遵循资源选择原则。翻转课堂的资源包括教学视频、进阶练习、学习任务单、知识地图、学习管理系统和各类教学辅助工具等。每一类资源都不是完美的，不存在放之四海而皆准的资源。每类资源都各具特点，并且每类资源可供选择的具体资源种类、载体类型众多，因此教师应根据教学实际需要选择合适的翻转课堂的教学资源。一般而言，翻转课堂教学资源的选择需遵循最优选择原则、具有较强兼容性、多种媒体组合。

最优选择原则是指教师根据教学内容和教学目标的要求，选择存储和传递相应教学信息并能直接介入教学活动过程中的载体，就是选择教学资源。

具有较强兼容性是指当众多便携式的移动智能终端在高校法语教学中广泛应用以后，高校法语教学不仅变得更加高效，也发生了一场变革。在这种情形下，翻转课堂理念变得普及起来，翻转课堂的应用也得以在大范围内开展。翻转课堂实施的普遍现象是，学生利用各类移动设备，如平板电脑、智能手机等进行课外自主学习，课内教师利用移动终端设备进行授课。因此，资源载体的改变，迫使资源的形式也作出相应改变，要求其必须兼容各类学习终端设备，在各类终端设备中都能流畅运行。

多种媒体组合是指翻转课堂教学真正做到了以学习者为中心，这对后期教学资源的选择也有着一定的指导作用。在选择教学资源时，教师应该考虑学生的兴趣、生活现实，尽可能选择丰富的教学资源形式，即有机结合文字、图片、声音、视频、动画等多种媒体形式。

（三）设计法语教学活动

根据前面所述的翻转课堂完整过程，翻转课堂教学活动设计包括课外活动设计和课内活动设计两个部分。

其一，设计课外学习活动。翻转课堂的课外学习活动一般属于线上活动，主要包括以下几类。

在线学习。在课外，学生通过阅读相关的电子书籍、资料或观看教师提前准备好的讲授视频，掌握并理解课程中重要的信息。在线学习主要有阅读电子教材和观看教学视频两种形式。有时为了加深学生对信息的理解，在线学习的材料还附加一些引导性问题、反思性问题、注释、小测验等，用于辅助学生进行自主学习。

交流讨论。通过在学习管理系统中开辟一个专门的讨论区，或借助专门的在线交流工具，教师和学生以课外学习内容为主题展开交流和讨论。讨论主题既可以是教师预设的，也可以由学生创设。这样，一种师生在线辅导和学生自主组织学习的学习模式就形成了。借助这种学习模式，学生掌握学习内容的速度较快，并且掌握的层次较深，从而为课内的学习活动做好准备。

在线测评。在学生完成了新学习的任务后，可以进行在线测评。在线测评一般采用低风险、形成性的评价方式，不仅检验了学生的学习成果，还为学生提供了反馈问题的机会。通过在线测评，教师和学生在课内教学活动开展前可以针对问题提前做好准备。

其二，设计课内学习活动。根据翻转课堂的特点，影响翻转课堂教学效果的最大因素是如何通过课堂活动设计完成知识内化的过程。在设计课堂活动时，关键要看情境、协作、会话等要素是否有利于学生主体性的发挥，从而促进学生达到高阶思维能力的目标。课内学习活动一般可以分为个体学习活动和小组学习活动。

四、高校法语翻转课堂教学的具体设计

（一）法语听力翻转课堂教学设计

翻转课堂是一种教学策略，其核心在于将传统的教学模式从课堂转换至个人学习空间，之后再将集体空间变为一个互动的、有活力的学习环境。在这个过程中，鼓励学生运用他们已学的概念，积极地参与学习过程，而教师则担任指导者的角色。在课堂上，教师不再只是简单地解说材料和纠正答案，而是更注重展开课堂研究和引导学生学习。教师将更多精力投入到引导学生提升听力技能、拓展相关背景知识以及克服学习中的难点和重点上。教学方式已经从以前的传统讲授方式演变为以讨论和表演为主的多样化形式。

1. 课前导入微视频

教师可以利用教材中附带的资料，也可以自己录制或利用他人制作的音频和视频来帮助学生学习。这些视频包括短语、生词、功能句的详细解释和应用，以及不同模块的背景知识。通过对这些视频的学习可以提高学生的学习效率。

在准备上课之前，教师要对本节课的翻转课堂视频内容做到熟练掌握，利用网络将视频发送给每个学生。同时，教师需要关注学生在交流平台上的反馈，总结出课上需要重点讲解的知识，并挖掘出适合在课上讨论的问题。良好的教学模

式能够引导学生成为学习的主动者，激发他们的学习热情，增强他们的课堂参与度，促进他们的自主学习能力，从而实现更有效的学习成果。

2.课中抓住教学重点

因为事先充分准备，所以在课堂上，教师不需要重复播放音频或视频，学生会带着疑问和困惑来到教室，这使得教师能更准确地掌握课程的重点和难点。支持翻转课堂的人认为，学生最需要教师帮助的时刻，并不是在课堂上被动听讲时，而是在完成作业时遇到问题时。

通过巧妙多样的教学方式，教师能够调动学生的学习热情，提高教学质量。教师可以运用现代化教学设备，如情景仿真模拟实训室，让学生在模拟的场景中表演课文对话来提高其应用能力。另外，通过复述、演讲、自由演说等形式进一步巩固所学，拓展文化视野，全面展现法语课程的实用性和人文性。

3.课后巩固知识点

为使学生更好地掌握知识点，课前导入微视频的学习和课中教师重点讲解并进行练习是很重要的，同时，课后对知识点进行深化巩固也是必须的。在学校学习的年轻大学生记忆力强，能够快速掌握所学知识，但同时记忆也会很快消退，因此需要定期进行相关的练习，以巩固所学知识点。教师可以选择一些互动学习软件，例如配音秀、英语流利说和法语助手，为巩固知识增加趣味性，从而帮助学生学习。教师可以在配音秀软件中搜寻与课堂教学相关的视频对话，让学生以模仿对话中的语音和语调为切入点，录制自己的配音作品并发布到网络平台。教师可以在下一次课堂中选择出色的配音作品进行展示，以此来激发学生说法语的热情和积极性。

随后，教师将课前微视频、课堂中学生在情景仿真模拟实训室录制的实际演练视频，以及课后学生的录音材料整理好，并上传至班级共享的云盘，供学生在课后观看和复习使用。

（二）法语口语翻转课堂教学设计

在导入阶段，进行热身活动。翻转课堂方面，学生应在上课前自学。所以，教师主要的任务是确保学生已经掌握或至少熟悉语言要点和主题的基本概念。这是一个关于学生在课堂开始时自学的测验。在这段时间里，教师在教室里巡视，在必要的时候给予支持，并检查学生在完成预习任务方面的表现。

到了展示阶段，这一阶段的中心任务不是围绕语言要点进行文本分析或文本组织，而是围绕如何通过法语表达学生的观点和意见。这一阶段的翻转课堂不是通过教师的指导来完成的，而是通过学生在教师帮助和指导下的探索和合作来完成。表现阶段是翻转课堂最激烈的部分。翻转课堂的一个重要特点是教师和学生大部分时间都在表现阶段。在表现阶段，应创造更多的机会使用法语，以提高学生的法语表达能力。每个学生都必须张嘴说法语。一开始，教师可以要求学生互相交流，论述他们为小组成员所做的准备，并在必要时做一些修改。在讨论的基础上，每组选出一名代表，向全班作报告，或者进行对话、辩论。

最后一个阶段是评估。教师的正面评价是在批评和表演之后。同时，对话、讨论和辩论中存在的问题由教师进行纠正。评估的作用不仅是考察学生的表现，更重要的是，它还是一种为学生提供反馈的方式，以便重新评估他们的学习方法或激励他们取得更好的成绩。在这种情况下，教师会花更多的时间和精力来进行一对一的辅导，从而帮助学生取得更好的学习效果。

（三）法语阅读翻转课堂教学设计

翻转课堂的教学方式是将教师课上讲解的内容转移到课前由学生自主学习观看，同时将需要加深印象的知识内化活动提前到课堂上完成。在课堂上，老师会花费大量时间来帮助学生解决他们在课前自学中遇到的问题，并且鼓励学生之间以及学生与教师之间进行交流和讨论。基于翻转课堂模式的法语阅读教学设计主要有以下几个部分。

1. 课前教学设计

教师在进行课前教学设计时需着重注意以下两个方面。第一，教师应该选择符合学生发展的法语阅读文章。学生对课本中的阅读文章感到枯燥，无法进行深入性的学习探究，这时需要教师提供与社会热点相关的阅读材料，激发学生的学习热情。在挑选文章篇幅的过程中，尽量选择中篇的法语阅读材料，避免影响后续的课堂教学活动。第二，教师需要针对选择的阅读材料进行教学视频制作，并为不同的教学内容安排不同的视频教学时长。根据翻转课堂对视频教学的需求，最佳的视频长度通常在10分钟左右。视频内容涵盖了需要阅读文章并掌握重点难点的要求，文章阅读办法以及应用技巧，生词的语法解析和短语讲解，长、难句的语义分析，文章段落结构分布解析，文章中心主旨和文体对比。学生通过课前观看教师制作的短视频，能够获取一定的基础知识，从而有利于教师更深入地展开教学。

学生对教师分发的资料进行阅读后，需要对照教师制作的短视频，在理解的基础上建立个人知识体系，并对学习中存在的问题进行整理和分析。当遇到难以理解的内容时，可以利用自学平台或借助手机与同学或教师讨论交流、答疑解惑，或者在适当的时机将问题带入课堂，向教师请教。通常，学生们都能够在上课前的预习阶段顺利地完成教师所安排的学习任务。

2. 课中教学设计

对法语文章进行层次分析是掌握文章主旨的必要手段，主要分为字面层次和语意层次。课前的文章阅读以及短视频观看，帮助学生对法语文章的字面层次进行认知，也就是对法语词汇的语法和短语句子的功能特征有了认知。通过短视频的反复强调，对文章中的文字信息形成基础印象，从而为后续进一步的语意层次辨析做准备。法语阅读训练的根本目的是帮助学生提高法语综合应用能力，能够对法语学习中收集到的学习资源进行自主研究。文章语意层次的分析能力，需要学生不断提高自身综合素质方可达到。

翻转课堂的课中教学帮助学生提升自身的法语综合素养，用以完成法语文章的语意层次探析。具体的教学设计步骤如下。首先，组织学生复习法语词汇基础知识，通过集体朗读、小组合作探究等教学方法帮助学生回忆短视频内容，便于为接下来的语义层次研究以及阅读技巧提高夯实基础。其次，组织学生通读文章。通读的根本目的在于培养学生独立思考能力，使其在建立语义层次学习思维之上，对文章中的主要人物以及情节发展进行充分了解，并找出其中的内在联系。具体的通读方式有两种。一种是教师示范，即在带领学生读完其中一个片段后，让学生自行对主题进行体会，与学习伙伴合作互助梳理文章脉络。另一种是在学生集体通读文章后，进行新旧知识糅合，做到举一反三，鼓励学生联系实际生活对文章内容进行剖析，解释说明情节发展的原因。最后，教师应对学生陈述、分析的文章内容进行综合评价，对学生思考问题的思路加以校正，为学生提供正确的解析思维。学生也可以和其他小组互相交流，对组内得出的结果进行自我评价。以上教学活动都需要在线下课堂中进行，面对面的实时沟通交流，除了成为学生的榜样外，还可以更有效地帮助学生解决学习过程中遇到的问题。

3. 课后的总结与巩固

教师方：及时总结和归纳学生在课堂上遇到的问题，并透过网络学习平台给予针对性的反馈，帮助学生发现阅读方面的不足之处并提出改进建议。

学生方：课后，学生会借鉴教师的意见或建议，巩固课堂所学内容，并及时对学习过程进行反思，以真正提升法语阅读技巧。

第三节 多模态教学模式的构建与实践

一、多模态教学模式概述

（一）多模态教学模式的内涵

模态指的是通过视觉、听觉、触觉等感官系统与人物、机器、物体等外部环境进行交互的方式。多模态就是使用两个或两个以上的感官进行互动。运用在教学模式中，就是运用视觉、听觉等多种感觉，通过文字、图像、音乐、视频、肢体语言等诸多手段来更加生动形象地阐述语言的含义，调动学生的多种感官协同合作参与法语学习，提高学生的积极性，吸引学生的注意力并加强记忆，达到提升教学水平的目的。

（二）多模态教学模式的特点

1. 重视多感官协同

多模态教学注重利用多种感官协同合作的方式，采用多样化的教学手段，将各种静态和动态资源融入教学过程中，为学生提供全方位、立体化的学习体验。只有亲身经历，才能更深刻地理解。只有在实际运用中，才能给人留下深刻印象。

2. 多种教学方法并用

在高校法语教学实践中，如果仅仅口头讲授，会让学生感到乏味，理解法语的含义和实际应用法语也会变得很困难。多模态教学模式主张综合运用多种教学手段，将传统授课、小组讨论、角色扮演等教学方法融为一体，能够有效地调动学生学习的积极性，让学生切身参与到学习中，从而使学生更深刻地理解法语中语音、语调和语境的重要性。

3. 强调学生是主体

多模态教学模式下，教学活动以学生为主体，而教师则是一个引导者。教师的工作不仅限于制作课件和讲授课程，还包括担任导演和编剧。然而，重要的任务必须由学生自己完成，教师的职责是通过各种方法来激发学生的兴趣，引导他们自主学习，不再是被动接受知识。只有让学生自己参与到学习的过程中，才能更好地领会法语的魅力，并更加专注于学习。

二、多模态教学模式的内容

作为一门基础的语言课程，高校法语能够开阔学生的视野，让学生更加深入地了解世界，因此它也是一门素质教育课程。传统的法语教学方式过于依赖教师单方面讲授，学生被动接受，这让教师感到很疲劳，同时也让学生感到学习方式过于枯燥单一，内容难以理解。多模态教学模式注重在学习过程中协同多种感官，呈现出全面的立体体验，这不仅激发了学生的学习兴趣，同时也大幅提高了他们的学习效果。

（一）教学内容多模态

1. 文字（视觉）

在传统法语教学中，最常用的形式是文字。语句的最小组成单元是词汇，因此必须掌握词汇的拼写、含义和用法。针对这个问题，用文字表达最为直接，配合适当的例子展示则更加清晰。

2. 图片（视觉）

在讲解词汇时，可以利用相关的图片进行视觉记忆的辅助，让学生在脑海中建立文字与图像的关系，这样有助于提高词汇的记忆效果。

3. 音频（听觉）

在进行词汇教学时，可以通过播放与这些词汇相关的音频资料，如新闻、电影和音乐等，来让学生更好地了解这些词汇在法语环境中的应用，并为日后法语的使用做好充分准备。这样，学生在学习词汇的同时也可以了解相关的新闻和热点时事。

4. 音乐（听觉）

强调音频中的音乐，是因其韵律、旋律、节奏等容易留下深刻印象，相对于单调的音频而言更容易记忆。通过这种方法，学生不仅能够减轻压力，还能感受到法语的魅力，充满愉悦的心情。这样的教学方式能够有效地培养学生对法语学习的兴趣，进而激发他们更进一步学习法语的热情。

5. 视频（视觉＋听觉）

视频展示，可以充分利用学生的视听效应，生动形象地呈现知识内容，进一步加深记忆，唤起学生内心深处的情感共鸣，有效激发学生对学习的浓厚兴趣。在法语教学中，优质的视频素材起着至关重要的作用。

（二）教学方法多模态

1. 多媒体技术辅助

多媒体技术为多模态教学提供了辅助手段，通过数字化资源实现无限共享，有效地解决了传统教学中教师法语能力欠缺的问题。它将文字、图像、音频和视频相结合，为学生提供更直观、更震撼的视听体验。因此，多媒体课件已成为高校法语教学不可或缺的资源。

2. PPT 演示法

PPT 的视觉元素主要包括文字、图像、图文混合和图表四个方面，能够将较为抽象的内容制作成动态画面，以更直观、更形象的方式呈现教学内容，同时突破了时间和空间的束缚，有助于实现良好的互动效果。其次，通过在 PPT 中添加音效，可以创造不同的听觉体验，从而呈现更加生动有趣的课堂效果，有效地吸引学生的注意力。

3. 合理选择不同模态

在高校法语教学中，为了让学生更好地接受和理解不同的教学内容，应该采用多种不同的模态讲解知识。这样才能实现多元化，从而更有效地促进学生学习。可以通过调整现有环境或开发新的环境来激发学生的感官；根据教学内容选择轻便易携的教具；采取创新的视觉效果、图像设计等手段，让学生更加集中注意力；通过配音方式提升情景模拟能力；此外，还可以通过角色扮演，或者组织一些小型话剧、舞台剧等活动，让学生在娱乐中感受到法语的魅力。在这个过程中，学生可以获得很多课本上无法展现的语调、语气和语境等方面的知识。

4. 充分利用网络资源

当前许多网站提供了丰富的法语学习资料，包括听、说、读、写和文化介绍等，而且还有在线学习小组等资源，这是在课堂以外拓宽知识面的有效方式。在引导学生进行相关尝试的同时，应该注重培养他们的自主学习能力。

5. 营造课堂外学习环境

法语专业的学生需要进行密集练习，包括听、说、读、写以及翻译等方面的训练。因为课堂教学时间有限，所以教师应该积极鼓励学生参加课外活动，例如法语俱乐部和法语练习小组以及法语话剧社等。这些实际应用法语的活动对于学生的法语学习至关重要。因而，学校需重视为学生提供良好的多模态学习环境。

（三）互动模式多模态

1. 人机互动

随着时代的发展，多媒体技术越来越先进，高校法语教学也可以通过各种多媒体方式在计算机上呈现教学信息。这既摆脱了传统的单向讲解模式，也为课堂注入了更多生动的场景。此外，学生可以在课余时间从网络上获取学习资料，或利用网络通讯手段向教师咨询自己学习中遇到的问题。

2. 师生互动

通过信息化教学手段，师生之间的互动方式不仅限于传统的课堂讲述，他们可以借助网络视频通话实现面对面交流或网络语音、文字留言等非实时交流。虽然面对面交流具有方便的优点，能够促进情感沟通、兴趣培养和快速获得反馈，但是它也存在一些限制。在课外时间，通过电子邮件、QQ、微信等在线平台与学生交流，教师可以随时启动话题讨论，扩展课堂内容，并能在线辅导或监督学生的学习进度。

3. 生生互动

课堂内外学生之间的互动，无论是面对面交流还是在线交流，都可以加深对知识的理解，并有助于巩固自己掌握的知识。可以说同学之间的交流是一次次的集思广益，是一个充满活力的创新过程。这不仅鼓励了学生的自主学习，还促进了各项专业技能的共同进步。

在多模态高校法语教学模式中，强调使用多种感官刺激学生的学习过程，通过运用图片、音频、视频等多种元素，激发学生的兴趣，从而创设出法语教学的情境和语境，在很大程度上提高法语教学的质量。高校利用多模态教学模式，可以为社会培养出高质量高素质的法语人才。预计在未来，多模态教学模式将逐渐成为高校法语教学的主要模式。

三、高校法语多模态教学模式实施

高校应摒弃传统的教学模式，实施多模态教学，以提升学生学习法语的效率。另外，听说课程信息资源是公开的，师生课内外多元交流，不受时间和空间的限制。通过网络法语教学模式，学生在听说课堂上不再受到传统教学模式的限制，无论程度和接受能力如何，都能够以个性化的方式学习，这得益于网络的应用和课程的设计。

（一）交互式教学模态

在交互式教学模态中，知识的获取是通过多种方式来实现的。这种教学模式注重师生之间、学生之间的互动，并为学生提供更多运用法语交流的机会。通过实践，学生不仅掌握了法语，同时也从传统的以教师为中心的教学方法转变为以学生为中心的现代教学方法。交互式教学模态注重学生的主体性，教师采用交互式教学模态与学生互动，在课堂上充分激发学生学习法语的积极性。此种教学模态体现出教学活动的多边性，鼓励师生之间互相交流互动。教师在教学过程中扮演主导角色，而学生则是教学的主体。此外，这种模态也注重学生的法语训练，并且主题教学应该以学生为中心来实施。教师需要基于语言学原理，采用多模态教学模式和多媒体形式，根据不同主题设计听说活动，打造沉浸式的法语输出环境，鼓励学生积极参与听说活动，并在法语输出中促进知识内化和吸收，让学生轻松愉悦地体验法语交流的乐趣，帮助学生提高法语听说技能。

在交互式教学模态下，教师可以借助多种教学手段调动学生参与课堂的积极性，如小组讨论、角色扮演、小型辩论赛和主题演讲等，这些手段不仅可以促进课堂氛围的活跃，还可以加强交流，提高法语口头表达技能。当教师设计课堂活动时，除了考虑培养学生的记忆力，还应该充分激发学生的概括、理解和语言组织能力。教师需要在听说教学中贯穿师生互动交流，以培养学生的法语应用能力。为此，教师应突出学生主体地位，采用多种教学模态，创造双向互动交流机会，激发学生兴趣，促进课堂交流，让学生的视听得到充分结合。除此之外，教师在使用教材方面应该具备创新意识，深入挖掘教科书中的知识点，结合学生的特点和教科书内容，加入一些课外知识作为课堂教学内容，以增加法语学习材料的多样性。

（二）网络法语教学模态

在网络环境下，听说课程教学需要教师运用网络技术如 QQ、微信等与学生进行交互。通过课前互动活动，可以最大限度地激发学生的学习热情。这种方式对教师的教学能力也提出了更高要求。通过使用网络辅助教学，教师能够引导学生自觉地按照教学计划独立学习，包括查找相关信息和分组完成课堂任务。在法语听说多模态课堂中，可以利用互联网创造真实的交际情景，从而增强学生学习的主动性。教师可以借助网络法语教学模态，创设法语模拟交际情境，让学生在逼真的语言环境中进行法语互动交流，实现法语语言技能的训练。教师还应该灵活运用各种教学模态，在不同的情境下进行转换，以提高学生的学习效率，培养学生法语语言技能。此举不仅能够缓解学生在学习法语时的焦虑情绪，而且还能够培养学生的合作意识。

教师在上课之前从网络上精挑细选出与课程内容相关的音频材料，例如 TED 演讲片段，通过播放视频资料激发学生的兴趣，通过视听活动让学生在潜移默化中提高听说能力并深入了解法国文化。建立以学生为中心的网络环境，鼓励学生、教师之间的互动交流，促进在线教学的顺利进行，实现与教学流程的连接与互补。具体而言，包括课前准备、课堂互动、课后辅导等各个环节。教师应该深入了解当代学生感兴趣的话题和内容，挑选一下紧跟时事的法语视频发布到网络教学平台上供学生观看学习。网络法语教学模态，不仅可以实现教与学的多边互动，还可以为综合学习法语的视、听、说提供理想的教育环境和模式。此外，在学生课前、课上、课后的法语查找、讨论和应用中，还可以培养学生的组织协调能力、创新能力和语言交际能力。

第五章　互联网+背景下法语教学实施

本章主要探究互联网+背景下法语教学实施，对互联网+背景下法语基础知识、技能教学，互联网+背景下法语课程的整合，互联网+背景下教学资源的优化，互联网+背景下教学路径的重塑，互联网+背景下教师能力的发展作阐述。

第一节　互联网+背景下法语基础知识、技能教学

一、互联网+背景下法语基础知识教学

（一）法语基础知识教学中的问题

1. 教学缺乏系统性

教学缺乏系统性是目前高校法语基础知识教学的问题之一。以语法教学为例，对于学生而言，语法并不陌生，而且他们也能说出几个语法名词，如名词、动名词、一般过去时、虚拟语气等。但是，大多数学生对语法概念并不清晰，如果细问起来，法语语法中有几种时态、几种语态、多少词类，就很少有学生可以回答正确。可见，学生对语法的认识并没有形成一个系统、完整的语法框架，而仅仅是一些零碎的概念，而这也就很难提高学生语法学习的有效性。

2. 教学方式落后单一

法语的词汇和语法非常繁杂，学习起来往往比较枯燥乏味，这就需要教师采用多样性的教学方法来激发学生的兴趣、提高教学效率。然而，实际上很多教师仍习惯采用传统的教学方式，即教师带领学生读，讲解重点词汇、语法用法，学生记忆单词和语法。这种教学方式不仅单调乏味，而且忽视了学生的主体地位，导致学生始终处于被动的学习状态，也无法有效调动学生的积极性，甚至会引发学生的抵触情绪，教学与学习效果自然无法提高。

3. 死记硬背现象多

死记硬背是我国高校法语基础知识学习中普遍存在的问题。

基础知识是听、说、读、写等技能提高的基础，很多学生都意识到基础知识的重要性，因此乐于花大量时间背诵基础知识。然而，很多学生学习基础知识的结果是，时间花费了，精力花费了，效果却不尽如人意。之所以会有这种结果，很大程度上是因为学生采用死记硬背的方式来记忆，而一时背下来的基础知识是很难深刻记忆的，而且容易遗忘。实际上，每个词汇、语法只有在实际的语境中才具有准确、清楚的含义，所以学生应将基础知识与语境结合起来理解和记忆，提高记忆的效率。

4. 学生自主学习意识不足

我国学生在法语学习中普遍存在缺乏自主学习意识的问题，基础知识学习也不例外。学生在课上只是被动地听教师讲，到了课下就机械地死记硬背，表面上看时间都用上了，但收效甚微。

正是由于自主学习意识淡薄，使得学生不愿意主动学习基础知识，更不愿意搜集与基础知识学习相对应的课外阅读材料和口头作文训练。在互联网＋背景下，学生可以借助多种手段来辅助学习法语基础知识，不仅可以通过图书馆、词典学习，也可以充分利用网络、多媒体等工具和手段学习基础知识，还可以通过听法语歌曲和欣赏法语电影等适合学生口味的手段来学习基础知识。

（二）互联网＋背景下法语基础知识教学手段

1. 多渠道输入基础知识

与法语学习相关的因素有教师、学生、教材、教学设备等，其中学生是最为关键的因素。在互联网＋背景下的基础知识教学中，教师应让学生输入足量的法语信息，使学生能使用这些法语信息进行自然交流。换言之，就是要求教师给学生提供更多真实的法语环境。根据"语义场"的理论，学生可以通过扩大语义网来扩充词汇量。同时，网上也有很多网站可供学生学习和练习基础知识，也有对基础知识进行测试和阅读理解的内容，这都是扩充学生知识量的渠道。

此外，很多学习资料也包含十分丰富的音频资料，学生可以根据需要下载听取，对自己的基础知识进行巩固。在线字典可以帮助学生解决遇到的生词，网络搜索引擎可以扩充学生的基础知识输入和学习渠道，解决基础知识学习中遇到的语言障碍和文化障碍。

2. 结合法语技能练习知识点

基础知识教学不是独立的，而应该与听、说、读、写、译结合起来。教师可根据所教授的基础知识给学生安排其他技能的练习，帮助学生对基础知识进行巩固，内化为学生自己的可理解性输入。例如，教师可以为学生提供一小段不完整的听力材料，然后再播放完整的听力内容，要求学生听完后将不完整的部分补充完整，进而要求学生进行跟读模仿，最后进行相关话题讨论。

3. 注重学习过程，培养自主学习能力

除了要给学生提供充足的网络学习资源和网络教材外，教师还可将基础知识、学习要求、题库测评等制作成网络课件（HTML 文件）或者 PPT 文件，并将这些课件置于 Web 服务器上，不同水平的学生根据自己的情况选择适合自己的学习策略和进度，通过浏览这些网页来完成基础知识的学习。

当学生完成某一阶段学习后，就可以进入下一阶段，但是无论处于哪一阶段，都需要自我监控。在学习的过程中，网络多媒体起着鼓励和刺激的作用，其提供的网络空间和丰富资源也扩大了学生基础知识学习的机会，激发学生的学习兴趣。

4. 利用课后拓展学习、增加互动

很多基础知识仅仅依靠课堂上的短暂教学是很难掌握的，因此教师还应采用课后拓展模式。

（1）通过 E-mail 形式进行辅导和交流。这不但可以打破时空的限制，还可以缓解课堂的紧张气氛，也可以将课堂内容延伸到课堂外，让学生的学习更为轻松。

（2）创建讨论组以实现资源共享。在讨论组中，教师可以将预先设计好的指导性问题和相关内容上传至班级共享网盘，学生可以提前进行预习，如果有问题可以提出来，大家也可以参与讨论。

二、互联网+背景下高校法语技能教学

（一）互联网+背景下高校法语听力教学手段

互联网技术背景下，高校法语听力教学不仅有助于提高教师的教学效果，也

有助于提升学生的听力水平,这可以为学生的法语听力教学带来广阔的空间。那么,如何将互联网技术准确、合理地应用到高校法语听力教学中呢?当前,我国法语教学提倡自主学习,是以学生的主体地位为前提的教师进行指导、学生主动参与学习,而不是没有教师指导的自学。因此,互联网技术条件下的高校法语听力教学不能忽视教师的指导作用,否则就不能取得应有的教学效果。利用互联网技术培养学生的听力能力,教师可以从以下两个层面着手:

1. 建构听力学习环境

听的本质是一种交际活动,学习成功与否的关键因素在于学生。基于这两点考虑,在听力课堂上,教师应该充分利用现代信息技术,为学生构建良好的自主学习环境。具体来说,教师应该做到以下几点:

第一,为学生创建丰富的、真实的、有助于听力理解的交际语境,使学生犹如身处真实的语境中一样,使他们能够感受到听的实用性,进而激发学习法语的兴趣。

第二,利用多媒体资源丰富听力教学,激发学生的学习兴趣。

第三,选用真实的听力材料,一方面能够增强学生对学习内容的认同感,另一方面也能使学生接触到地道的语音、表达方式,有助于学生在日后实际的对外交往中听得更准。

第四,设计与真实语篇相关的课堂活动,采取小组合作的教学活动,从而减少学生对教师的依赖感,缓解学生学习中的焦虑情绪,使学生在合作交流中碰撞出思想的火花,增进学习的主动性。

第五,为学生提供合作互动、沟通交流的机会,使学生在参与中逐渐掌握学习的方法,找到学习的乐趣,增强学习的动力。

第六,教授学生一些对所听内容进行评论、提问的反馈语,使对话继续进行下去。

2. 培养听力自主决策能力

在互联网环境下,学生听力自主决策能力的培养要注意以下两方面:

第一,学习并掌握获取信息的硬件知识。只有掌握了现代信息技术的操作技能,学生才能通过网络技术实现与老师或者同学的实时交流。

第二,要培养掌握、收集、整理、利用信息的能力。学生要能根据教师布置的学习任务，借助现代信息技术自行搜索、采集信息，对获取的信息进行分析、整理，并充分利用这些信息提高法语能力。此外，还要通过现代信息技术，让学生对自主学习的效果进行评价。

总之，借助互联网技术所提供的网络化虚拟课堂，学生的角色发生了转变，他们从知识的被动接受者转变为听力理解过程中的自主建构者。他们以自己的整个身心去感受听力语篇中呈现的各类信息，同时借助互联网将自己的观点与思想生动地传达出来，主动参与到学习交互活动中，培养自主学习的能力。

（二）互联网+背景下高校法语口语教学手段

传统的口语教学已经很难满足当前时代发展的需求，因此基于互联网技术的口语教学应运而生，并在当前的高校法语教学中起着重要作用。那么，互联网环境下高校法语口语教学该如何展开呢？具体来说，教师可以从如下几点着手：

1. 影像教学法

科技的进步使信息技术、互联网技术得到了迅猛发展，这就使法语口语教学过程中应用影视教学法成为可能。法语原版影视具有强烈的视觉冲击力，文化性与故事性强，能够大大降低学生的学习焦虑程度，并从视、听、说等方面将学生的积极性与注意力调动起来，提高其认知能力与理解能力，达到寓教于乐、陶冶情操、拓展思维的效果。因此，应充分发挥影像教学法在提高学生的法语口语能力方面的作用，使学生更加深入地参与到课堂教学中来。一般来说，将影像教学法应用于高校法语口语教学应从以下几个方面入手：

第一，教师在选择影视资料时，应该以不同的教学目标、学生的现有法语水平及影视资料的难度等作为主要依据，要使所选择的影视资料既有利于既定教学目标的实现，又与学生的法语水平相适应，既不会过于简单，又不会难度太大。此外，影视资料的内容要体现法语国家的文化特征，以帮助学生拓宽视野与思路。

第二，教师应在课前对影视资料进行适当剪辑，并据此来设计相应的口语练习。例如，选用电影《Les Choristes》（放牛班的春天）中经典片段、经典台词进行教学。

第一步，向学生介绍影视资料的主题。

第二步，向学生介绍影视资料的主要情景。

第三步，为学生介绍活动中可能用到的动词。

第四步，将学生分成两人一组，安排一人担任观看者，另一人担任倾听者。

第五步，为学生讲解任务要求。具体来说，观看者只负责观看，应放下耳机或塞住耳朵，及时记下与所看到动作相对应的动词，并对面部表情、手势、体势等非言语交际和情景给予特别关注。倾听者则需要背对屏幕，只靠耳朵来捕捉信息，并及时记录下一些关键词。

第六步，为学生播放影视资料，可以多播放几次，以保证学生能尽自己最大努力来完成任务。

第七步，安排学生在组内互相交流获得信息，即由倾听者表述自己听到的信息，由观看者表演自己看到的动作。

第八步，由各组轮流为大家表演。

第九步，再次播放影视资料，全体同学可以同时听和看。

第十步，教师对影视资料进行讲解，对同学的表现进行点评、分析与指导。此外，教师在课前可以将一些准备工作交给有能力的学生，如安排学生辨别语音、语调，查找、核对影视资料中的生词熟语或者编辑视频资料。这不仅能有效调动学生的学习热情，还能将学生的特长发挥出来，从而达到良好的教学效果。

2. 移动技术教学法

移动通信技术不仅为人们提供了一种丰富、生动且不受时空限制的信息交流方式，其在法语学习方面的提高学习效率、丰富学习交互、扩展学习时间等优势也逐渐显现出来。因此，越来越多的学者开始关注如何将移动技术与高校法语教学，特别是口语教学进行有机结合，并从多个角度对这种新的教学方法进行界定。

黄荣怀教授采取了"移动学习"这个提法，并将其定义为"学习者在非固定和非预先设定的位置下发生的学习，或有效利用移动技术所发生的学习"[1]。在高校法语口语教学中采取移动技术教学法，可以为学生的口语练习提供全方位支持，丰富学生与法语的接触机会，并实现课内与课外的相互连接。移动技术支持的法语口语教学基本流程如图 5-1-1 所示。

---

[1] 黄荣怀. 移动学习 理论·现状·趋势 [M]. 北京：科学出版社，2008.

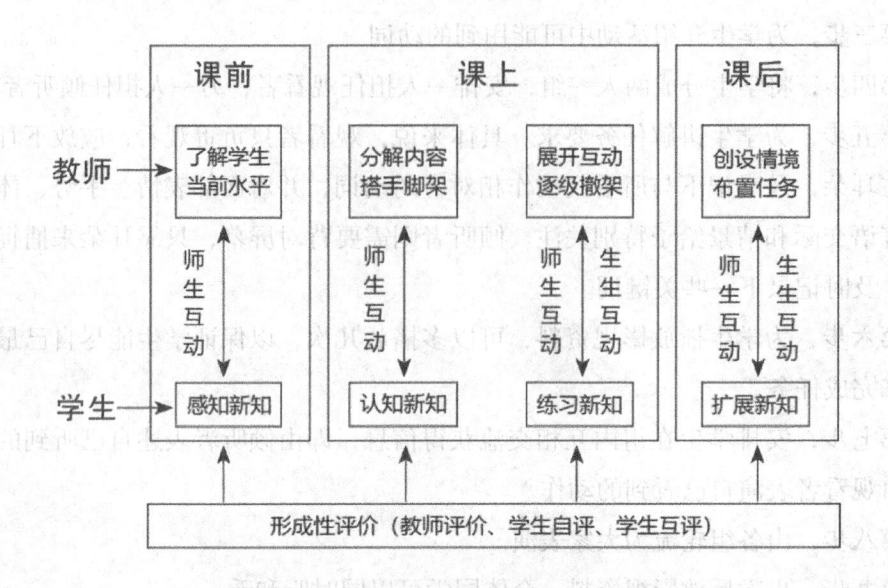

```
   课前            课上                    课后
┌─────────┐  ┌─────────┐┌─────────┐  ┌─────────┐
│了解学生 │  │分解内容 ││展开互动 │  │创设情境 │
教师→│当前水平 │  │搭手脚架 ││逐级撤架 │  │布置任务 │
└─────────┘  └─────────┘└─────────┘  └─────────┘
    ↕师生互动   ↕师生互动 ↕生生互动   ↕师生互动 ↕生生互动
┌─────────┐  ┌─────────┐┌─────────┐  ┌─────────┐
学生→│感知新知 │  │认知新知 ││练习新知 │  │扩展新知 │
└─────────┘  └─────────┘└─────────┘  └─────────┘
         形成性评价（教师评价、学生自评、学生互评）
```

图 5-1-1　移动技术支持的法语口语教学流程

（三）互联网＋背景下高校法语阅读教学手段

互联网环境下高校法语阅读教学并不是让学生漫无目的地搜索和浏览，如果没有教师的准备、指导与评价，学生很难通过互联网来提升自己的阅读兴趣和能力。因此，互联网＋背景下的高校法语阅读教学离不开教师的参与。具体而言，教师可以从如下几点做起：

1. 选择合适的阅读材料

法语阅读本身属于一门训练技巧的课程，学生需要通过大量的阅读练习来掌握技巧。因此，科学合理地选择阅读材料是最关键的部分。在互联网环境下，材料内容需要与课堂贴近，成为课堂内容的一部分。在阅读课堂开始前，教师应该让学生提前搜索一些阅读材料，培养学生网上查询资料、获取信息的能力。之后，教师对学生寻找的资料进行仔细阅览，并将这些资料介绍给学生，要求学生以小组的形式进行交流。最后，教师要求学生作总结报告，教师根据学生的报告给予一些口头评价。

2. 借助网络增加互动，激发学生兴趣

基于互联网的高校法语阅读教学，为大学生提供了一个广泛的互动平台，让学生广泛参与其中。通过互联网提供的空间，教师和学生可以上传学习资料，实现资源共享。在具体的教学中，教师需要根据教学目的来建设一个网络阅读资料库，将教材中的重难点置于网络上，并且补充一些课外知识，以帮助学生更好理解和掌握。

另外，为了避免学生出现乏味，教师应该将互联网的优势发挥出来。也就是说，教师在学习资料中添加一些图片、漫画、视频等，在字体、排版上也凸显一些特殊的地方，让学生一目了然，并且能够吸引学生的注意力。

3. 开展课后拓展阅读

在课堂阅读的基础上，教师应该积极开展课后拓展阅读，并着重于学生阅读与动笔练习的结合。通过长期的训练，学生在阅读中能够快速集中注意力。教师在引导过程中，可以根据教材各个单元的内容来开展活动，如可以要求学生从自身感兴趣的话题搜索资料，整理内容并作书面报告，进行演讲比赛。通过这些活动，学生不仅可以对各个单元的内容有一个很好的掌握，还能够锻炼写作和归纳能力。

（四）互联网＋背景下高校法语写作教学手段

互联网＋背景下的高校法语写作教学有助于激发学生的写作欲望，让学生快速掌握写作方法，规范自己的写作语言，从而完成写作学习。因此，互联网＋背景下的相关技术是高校法语写作教学的重要拓展手段。下面就来探究互联网＋背景下高校法语写作教学的方法。

1. 利用计算机程序辅助写作

利用计算机文字处理程序辅助高校法语写作，代替原有写作形式。

第一，计算机文字处理程序具备对标点、拼写、大写、小写等进行检测的功能，因此为学生提供了十分便利的工具。

第二，"拼写与语法"功能能够使学生降低拼写错误，并能检查出一些简单文法上的错误。

第三，"编辑"功能使句子段落的连接、组织、转移等变得轻松，写作者可以通过添加、剪切等手段来修改文章。

第四，有的计算机文字处理程序还带有词典，因此学生可以词典迅速查询词的意义和用法。

总之，计算机文字处理程序的功能在一定程度上减少了写作的重复劳动，节约了很多时间，因此学生能够花费更多的精力在写作上，增强了他们对写作的兴趣和积极性。

2. 支持学生借助互联网技术写作

互联网技术的出现打破了时空的限制，实现了资源共享，是对法语教学资源的补充。将互联网技术引入高校法语写作教学中，让学生上网搜索相关信息，进而对检索的信息进行分析和探讨，最终将自己的见解表达出来，完成写作。

现代大学生都十分热爱上网，因此教师可以充分发挥指导作用，利用网络资源增强学生进行法语写作的机会，激发学生的学习兴趣，教师也需要经常对学生予以指导与监督，形成一种交流的氛围。

3. 借助微信、QQ、E-mail 等辅助写作教学

微信、QQ、E-mail 对于高校法语写作教学来说，是一个十分有利的助手，其有助于加强师生间、生生间、学生与网友间的交流。

在写作过程中，学生将自己的稿件利用微信、QQ、E-mail 发给教师或同学，然后教师与其他同学对这篇文章进行修改，并提出意见，最后该学生对自己的文章进行重新整理。另外，教师可以积极鼓励学生找一些国外的学生用微信、QQ、E-mail 进行交流，了解不同国家人们的生活、学习、旅游、家庭、毕业动向等情况，通过交流这些学生感兴趣的话题，不仅有助于提升学生的写作热情，还能提升自己的写作水平。

（五）互联网+背景下高校法语翻译教学手段

在互联网+背景下开展高校法语翻译教学，有助于培养学生的英汉双语翻译能力，从而获得最佳的学习效果。在具体实施上，教师可以从以下几点着手：

1. 重视课堂教学，增加法语习得

各大高等院校可以直接使用与教材相匹配的多媒体教学光盘，但是由于各大高校的设备资源情况不同，且配套的光盘大多缺乏系统性的翻译教学内容，因此教师需要根据不同的情况来制作多媒体课件。也就是说，多媒体课件的制作需要建立在教学过程、教学目标、教材内容、教学媒体的基础上，坚持互动性原则，以提升学生的自主学习能力，确保不同层次的学生在翻译能力上都能够得到提高。

据此，在开展翻译课堂教学之前，教师设计的翻译教学模块需要利用声音、

图片、动画等刺激学生的大脑，使学生难以理解的翻译理论变得更为生动、有趣。在具体的翻译课堂教学中，教师既要对中法互译的技巧进行分析和总结，还需要补充相应的中西方文化知识，使学生能够系统掌握基本的翻译常识。

虽然这样的教学模式还是按照译例分析—课堂翻译—课后练习的方式，但是其内容和形式与传统的翻译教学大不相同。

第一，内容上是针对不同层次的学生展开的，在课堂上由教师指导和学生自主选择，这有利于改善课堂教学的氛围。

第二，形式上不再是单调的板书形式，而是以媒体形式呈现，不仅节省了时间，还便于进行分级教学。

2. 增加课堂信息量，克服课堂教学局限

课堂教学的课时是有限的，因此需要利用校园网来扩大课堂信息量，从而克服课堂教学的某些弊端。在具体的教学中，教师应以学生为中心，以互联网为手段，降低学生的焦躁情绪，缓解学生的紧张心理。同时，为了弥补课时的不足，教师可以将课堂上未叙述详细的翻译模块放在网络上，让学生自主选择学习。

此外，教师要有计划地增大难度，加强学生对跨文化交际、法国文化的了解，开阔学生的眼界。大学生通过校园网对中法语文章进行阅读，自行进行翻译，与优秀译文进行对比并探讨，最终仿照原文写作形式来提高自己的翻译水平。

在练习的过程中，学生可以从自己的专业和兴趣出发。如果学生学的是医学专业，那么他们可以选择医学材料进行翻译练习；如果学生学的是旅游专业，那么他们可以选择旅游材料进行翻译练习。

3. 制作教学课件，构建翻译素材库

互联网课件是一种新的模式，它的制作光靠个别教师是很难完成的，且教师自身的知识结构、时间资源等也都是非常有限的，因此新模式更强调资源共享、集体备课。制作教学课件，建立翻译素材库，教师应该注意如下几点：

第一，在翻译教学内容上，教师除了注重精讲，还需要注意多练。翻译毕竟只属于高校法语教学的一部分，因此不可能占据多余的课时。这就要求教师应该从教学大纲出发，通过集体讨论对精讲的翻译理论和技巧确定教学内容，为教师提供一个框架。

同时，教师要根据自己的情况进行局部更改和发挥。另外，在具体的实践中，教师设计的翻译练习要保证题材、体裁多样，难度要适中，并能够及时作调整和更新。

第二，在翻译教学方法上，教师应该注意课堂与课外相结合。在传统的翻译教学模式中，往往教师讲得比较多，学生练习的机会少，学生是被动的，这就导致学生很难有兴趣去了解翻译技巧，所以课堂内的讲练结合是十分必要的。在练习的基础上，教师对学生给予一些指导性的意见，引导学生归纳翻译技巧和方法。

第三，在翻译教学建设上，要及时补充、更新翻译素材库。从具体的、大的教学实践中归纳出理论，然后将这些上升为理性认识，反过来对实践进行的指导和翻译素材也要与时势相符，要反映当代社会的各个层面，其难度要体现层次性，教师也要发挥主观能动作用，不断地扩充素材库。

第二节　互联网+背景下法语课程的整合

一、信息技术与法语课程的整合

随着高校法语教学改革的推进，信息技术与高校法语课程整合成为研究的一大热点。但在高校法语教学改革的过程中，教师仍然对改革的指导理论——信息技术与高校法语课程整合并不了解，从而造成整合过程中理论指导的缺失。因此，有必要对信息技术与高校法语课程整合的内涵进行探讨。

从理论上讲，计算机网络与法语课程整合是对课程设置、教学目标、教学设计、教学评价等诸要素做系统的考虑和操作，也就是要用整体的、联系的、辩证的观点来认识、研究教学过程中各种要素之间的关系，其内涵是指在法语教学过程中把信息技术、信息资源、信息方法和课程内容有机地结合起来，共同完成课程教学任务的一种新型、高效的法语教学方式。

此观点从系统以及整体的角度对信息技术与法语课程的含义进行了解读，把信息技术看成大系统中的子系统，是不可分割的一部分，可以加深我们认识信息技术在整合中的作用。但是这种观点仅仅从网络层面与高校法语课程的整合进行界定，缩小了信息技术与法语课程整合的内涵。

何培芬教授提出信息技术与外语课程的整合是指在建构主义理论指导下，将网络信息技术有效地融合于外语教学过程，营造一种新型的教学环境，实现一种既能发挥教师主导作用又能充分体现学生主体地位的、以"自主、探究、合作"为特征的教与学方式，从而使学生的创新精神与实践能力的培养真正落到实处，提高学生综合运用外语的能力。此观点从信息技术与法语课程整合的角度进行了界定，但其定义缺乏全面性。

在总结以上观点的基础上，殷和素教授提出了信息技术与课程整合的内涵：将信息技术与课程整合理论和外语教学理论相结合，以此为指导，借助信息技术手段，开展以教师为主导、学生为主体的"自主、探究和合作"有机结合的教与学活动，将信息技术、信息资源、信息方法和高校法语课程进行融合，形成"主导—主体相结合"教学结构的高校法语教学过程。教师的主导作用主要发挥在创设情境、提供信息资源、组织合作学习和指导研究性学习以及设计自主学习策略等方面。在这个过程中，学生的学习方式必须由传统的接受式学习转变为主动学习和自主学习以及探究学习。教师则要运用学教并重的教学设计理论进行教学设计，培养学生扎实的听、说、读、写、译能力，并在此基础上培养具有创造性思维的创新型人才。殷和素教授提出的概念，对信息技术与课程整合进行了比较全面的论述，揭示了信息技术与高校法语课程整合的目的、本质和方式，到目前为止，得到了人们的广泛认可。

二、信息技术与法语课程整合的模式

（一）法语教师的辅教工具

信息技术与法语课程整合，是原来的计算机辅助法语教学理念的提升和发展。原来的信息技术教学将信息技术孤立于课程目标之外，不能作为教学结构的有机元素来看待，结果不能取得良好的教学效果。信息技术与法语课程的整合，并非忽视信息技术作为法语教学工具的功能，而是把其作为信息技术与法语课程整合的一个侧面来看待。信息技术作为法语教师的教学辅助工具，主要是作为知识呈现工具、师生通讯交流工具、测评工具以及情景展示工具等。信息技术作为法语教学工具，将更加关注其教学设计的合理性，从法语课程目标出发，真正地把信息技术整合于法语教学之中。

（二）学生学习的认知工具

信息技术与法语课程的整合，和辅助法语教学有着明显区别，区别就是信息技术可以作为学生强大的学习与认知工具，并且根据法语学习目标，学习者能够合理地选择信息技术工具。信息技术主要作为法语学习内容和法语学习资源的获取工具、作为协作学习和交流讨论的通信工具、作为知识构建和创作的实践工具和作为自我评测的反馈工具。学习者必须根据学习环境和目标以及预期结果，选择合适的信息技术工具作为自己的法语学习工具。

（三）学习环境的构建工具

信息技术应该构建一个有效的法语学习环境。通过信息技术，可以呈现给学生一个真实的或者虚拟的学习环境，让学习者真正在其中体验，学会在环境中主动建构、积极建构自己的学习经验。信息技术构建学习环境，可以通过其网络通信功能以及虚拟功能等方面体现，从而为学习者营造有效的法语学习环境。

三、信息技术与法语课程不同元素的整合

（一）信息技术与学习的整合

作为法语教师的辅助工具，信息技术主要在帮助教师指导学生学习策略和促进学生自主学习方面发挥了重要作用。在以学生为中心的法语学习中，教师对学生学习策略的指导不可忽视，这是因为一方面涉及对法语语言学习规律的理解和掌握，而另一方面则涉及如何巧妙地结合多媒体技术和互联网进行辅助学习。教师可以采用多种方式指导学生掌握法语学习的规律，如课上讲授和课外学习中的讲座、讨论等方式；可以为学生整理并分类互联网上有助于法语学习的网站，帮助他们更有效地利用网络自主学习和提高法语水平，在课堂上，学生能够灵活应用从这些网站中获取的信息，从而丰富学习内容，为法语学习带来更多趣味。

（二）信息技术与教材的整合

相比于目前的法语教材和法语辅导书，互联网和信息技术所提供的资源数量惊人。随着信息技术和互联网的发展，传统的课堂教学模式正在被改变。教师和学生都可以自主地从网络平台上搜寻和整理出海量的法语教学资源，拓宽其知识

面。学校网站也可以与法语教学资源建立链接，方便学生进行在线学习。同时，教师也可以提供经过精心挑选的相关网站，让学生进行自主学习。信息技术使得教学内容得到了极大的丰富，学生的视野被打开，思路更加清晰，创新意识也得以养成。在过去的教学活动中常常以课本为中心，而现在，先进的信息技术为我们提供了更加广泛的学习资源，我们可以随时随地从中进行选择。可见信息技术与教材的整合，为教学带来了显著的优势。

（三）信息技术与教师的整合

信息技术的迅速发展和广泛使用，丰富了教学资源和教学手段，也对法语教师提出了更高要求，因此，广大法语教师必须实现教学意识的转换。

第一，不论信息技术如何发展，始终无法代替教师作为领路人的作用，代替不了教师的人格影响。在知识传授渠道极大丰富以后，教师的价值更多地体现在人格影响方面。因此，法语教师必须树立崇高的职业理想，不断增加自我意识和使命感，以鲜活、旺盛的创新精神和创造能力去面对每次不同主题、不同内涵的教学活动。

第二，信息技术的运用需要教师本身素质的提高，法语教师作为课程的主导者和组织者，必须树立现代教育思想观念，克服传统的教育教学观念，运用现代教育技术探索、构建新型教学模式，即突破传统课堂中人数及地点的限制，通过服务器呈现教学内容，建立讨论式学习模式以及协作学习模式。

作为学习的组织者和指导者，法语教师必须以学生为中心，充分尊重学生主动学习的权利，给学生提供学习的条件和机会，帮助学生主动参与学习。

第三，增大课堂信息容量，优化课堂教学方法，是课堂教学的中心任务。实践证明，学生法语能力的形成，靠的是自己的法语语言实践。运用教育信息技术，能充分调动学生学习的主动性和积极性，发挥学生的主体参与作用。在教学时，教师可把重难点设计制作成课件，可以节省讲解和板书时间，加快课堂节奏，使教学环节环环相扣。在进行阶段性复习或总复习时，也可将已学的众多知识进行系统的整理和归纳，存入电脑，或制成可供学生自学、复习的资料库。利用计算机的网络性，学生随时随地可调用所需的资料，只需在很短的时间内便可形成一个完整的知识网络。

第四，信息技术作为一种技术手段和学习资源运用到法语教学中，能使学生的学习达到事半功倍的效果，然而，教师必须满足更高的标准，才能正确、高效地应用信息技术。教育观念的更新对于课程整合来说是至关重要的。教师应根据实际教学情况，充分发挥已有教学软件的作用，选择与教学需求相符的内容。课程整合将信息技术视为各科学习的重要组成部分，并且把它融入现有的课程（或其他学科）学习活动中，从而更好地达成学习目标。然而，整合并非混合，它要求教师在应用信息技术之前，需要深入了解信息技术在课堂中的优点和缺陷。

第五，教师应利用闲暇时间在网络平台上搜集整理与法语教学有关的网站，这不仅可以积累丰富的教学和学习材料，拓宽课堂教学的素材来源，还可以在优质的法语教学网站上进行在线学习，扩展教学研究视野，从而提高个人专业水平和教学能力。法语教师可以通过互联网组织学术讨论活动，召开法语教学研讨会，把最新的教学成果推出去，让更多的法语同行和法语学习者受益。教师还可以把自己的优秀教案、课件等放在学校的网站上共享，扩大教学影响。

第六，在开发和设计法语课程的过程中，法语教师需要不断学习以适应形势发展的要求。不仅要具备普通教学的基本素质，还要具备计算机技术、视频技术、音频技术、通信网络技术、影视技术、编导理论等方面的基本知识；必须掌握多媒体网络化教育环境下进行多媒体网络教学、利用多媒体技术进行教学设计的知识技能；必须密切追踪当代科学技术、社会人文领域的最新研究动态和成果，具备基本的科学人文知识，强化网络意识和网络文化适应意识；应富有敏锐的职业洞察力、卓越的教学监控能力，高效率地解决教学过程中的各种问题。由观念适应转变为知识适应、技术适应乃至文化适应，教师应全方位地加强自身适应信息化教学的能力，使之成为信息化教育中的行为主体。

（四）信息技术与学生的整合

教学的重点应集中在学生身上，学习的核心应围绕学生展开。信息技术和多媒体技术将多种元素融合，包括声音、光线、颜色、图片、动态效果和影像等，这些元素的融合提供了丰富的视听体验，对学生学习知识和记忆知识方面都有着显著的积极作用。信息化教学能激发学生的学习兴趣，并能充分发挥学生的主体性。

第一，在信息技术与课程整合的条件下，教师所提供的资料和学生自行搜寻的信息，可供学生实现个别化和协作式相结合的自主学习。整个教学流程都以学生为主体，促进学生个性的发展。整合教学时，由教师主导，采用多种手段和形式，激发学生的学习热情，实现学习目标。这种教学方法可有效促进学生自主思考，提高学生解决问题的能力。

第二，学生可以在网络平台上寻找、筛选、评估相关信息和音像素材，从而进行探究式学习，促进其创新意识的养成。网络学习可以使学生摆脱被动接受知识的传统模式，成为积极探索、构建知识的主体，从而培养自主学习的能力。

第三，信息技术能够帮助学生更好地学习法语，学生可以通过互联网搜寻与外国社会背景、风土人情、民族文化、历史等有关的信息，这对学生的法语学习有重要的促进作用。教师可以利用法语课程的内容，将学习资源进行整理和处理，创造多媒体和超文本形式的资源。这些资源将营造出一个生动、直观、有趣且易于记忆的法语学习情境，帮助学生感受和理解法语。学生可以在这些情境中展开探究，自主地发现问题，提供解决问题的可行方案和方法。这种方式能促进学生对学习内容的领悟，培养学生的探索意识。

（五）信息技术与课程评价的整合

在课程评价中，信息技术的应用也扮演着重要角色，它能丰富评价的内容，使课程评价变得更加科学合理。首先，信息技术的发展让教师能够更加便捷地进行评价和反馈，例如在网络课堂中，教师可以通过网络论坛、留言板等工具实时监测学生的学习进度。其次，信息技术的运用提供了更多元化的评价内容，如课件和网页等就是一种评价学生电子作业的标准。学生评价的重点可放在以下几方面，包括课题研究计划的可行性和研究方法的有效性方面；学生的投入程度和团队合作精神；作品是否符合主题要求，内容是否充实、合理且富有创意；信息技术的使用程度等。教师可以将法语题库作为测评资料，根据测评资料对学生进行评价。在条件允许的情况下，组织学生参加网络课堂测试，检查学生的学习效果。这些都为教师提供了必要参考，使得他们能够反思并调整自己的教学内容、手段和步骤。教师可以利用办公软件和校园网络，对学生的各项信息进行电子化管理，包括学生的测试成绩、行为记录和学期评价等。通过信息技术的运用，教师的工作效率得到了显著提升，同时评价内容也更加富有多样性，教育管理也更加精确可控。

四、信息技术与法语不同课程的整合

（一）信息技术与法语听力课程的整合

传统的听力教学主要依靠录音机以及教师个人的能力来实现。这种方法的局限性在于形式单一且不便于控制，但是，信息技术与互联网技术的出现解决了这一问题。首先，可以将听力素材上传到网络云盘中。云盘具有容量巨大、易于储存和复制迅捷等多个优势。网络云盘可以存储几十盘录音带的内容。相较于录音带的复制，云盘复制更为便捷，而且可供选择的软件和网络上的音频资源更加丰富，选择的空间也更大。其次，可以利用多媒体播放听力素材。多媒体技术综合了文字、图像和声音多种元素，播放效果生动形象，能够激发学生的学习兴趣，有效提高学生法语听力。此外，使用多媒体播放听力素材，播放过程中可以随意调整内容的进度以及循环播放。在学生没有听懂时可以快速地反复播放，这是录音机无法做到的。最后，选择正宗的法语听力软件。传统的听力教学因教师的法语授课水平而有所不同，有些教师法语发音及语调不够规范，导致学生的听力出现障碍。一款优秀的听力软件能够播放纯正、地道的法语，学生在这种情况下进行听力练习是一种愉悦的体验。

（二）信息技术与法语口语课程的整合

随着国际化程度的提高，高校越来越重视提高学生的口语表达能力。而语言环境是培养法语口语表达能力不可或缺的因素。随着信息技术与互联网技术的发展，学生可以探索更为丰富和真实的法语环境。

首先是人机对话。学生可自行选择一款适合自己的法语学习软件，利用软件训练自身的语音、语调和口语表达技能。学生可以模仿软件中法语的发音，软件会对学生的发音进行评判和反馈，从而激发学生的学习兴趣和动力，潜移默化中提高他们的口语表达能力。

其次是在线交流。一是通过国际互联网，学生有机会与来自国外的友人进行法语交流。国内的外籍教师毕竟不多，不是所有的学生都有机会能够直接与外籍教师交流。但是利用国际互联网，学生可以与母语为法语的海外人士直接对话和交流。二是通过使用国内互联网，学生可以与会讲法语的国内人士交流。随着互联网的迅速普及，国内网民数量激增，其中也有许多会说法语的人，学生和这样的人交流更容易，并且可以探讨更多话题。三是使用校内互联网，学生能够与教师和同学进行自由交流。在教师的帮助下，按照自己的法语水平和兴趣爱好，学生可以选择不同的话题和交流对象。这样，教师也变"授人以鱼"的教学方式为"授人以渔"，让学生主动参与到学习活动中，能进行自主的探究学习。

（三）信息技术与法语阅读课程的整合

阅读在法语教学中占据了重要地位。如何有效提升学生的阅读水平是法语教育的核心问题。信息技术与网络技术的普及，使法语阅读教学能够实现更高水平的提升。计算机辅助教学简称 CAI，它可以整合文字、图像、影像和声音等多种信息，因此受到越来越多人的青睐。应用多媒体技术可以扩大教学容量，为学生提供更多法语实践的机会；多媒体课件能够生动形象地呈现法语教学内容，有效激发学生法语阅读的兴趣；应用多媒体网络开展法语阅读教学，为培养学生的阅读能力提供了全新的方式；利用网络进行法语阅读教学，可以有效地解决传统法语阅读教学中的种种问题。例如，阅读材料比较单调、内容陈旧，训练方法固定、缺乏活力等。因为网络教学平台具有资源充足、阅读题材丰富、反馈及时快捷等特点，因而能够显著增强学生的阅读热情，有效地提高学生的阅读能力。

在网上选择阅读材料时，应当遵循以下五个准则：一是材料应当有拓展性，即它应当扩展和延伸教材内容，而不是重复教材内容。二是考虑题材的时效性，即选材应具备时代感，涉及当下热点问题。三是材料要具有趣味性，也就是所选用的材料应符合当代大学生的特点，能够引起学习兴趣。四是选材要有科学性，也就是所选材料必须真实，准确地反映现实情况。必须特别注意这一点，因为在互联网上存在着大量虚拟的事物，因此在选材上要注意辨别。五是关注材料的艺术性，需要选择适合学生阅读水平的材料，难度要适中，并且可以在有需要时能对材料进行适当的修改。

（四）信息技术与法语写作课程的整合

传统的法语写作训练方式过于枯燥，这是因为老师通常会要求学生写情景作文、改写课文，或撰写法语日记等，而这些方法缺乏创新性和灵活性。信息技术的普及，使法语写作变得更加有趣。首先，可以运用多媒体技术来创造一个写作的背景。教师可以展示一些有趣的图片、重要的词汇，或者播放一个故事给学生听，以激发他们的视、听感觉，从而引发灵感进行写作，还可以设计一些有趣的小练习，帮助学生掌握常用的词汇用法、句型和语法，让他们逐步熟练词汇，进行写作训练。其次，教师可以运用网络教学平台提高学生的写作水平。教师可以和学生一起利用互联网收集相关信息，进而深入探索写作主题。教师可以鼓励学生选择自己感兴趣的话题写一段话，以电子邮件的方式发送给朋友，学生可以从中获得愉悦的体验，满怀信心地投入法语学习中。此外，教师可以帮助学生认识国际笔友，通过与国际笔友互发电子邮件，让学生在潜移默化的交流中提高自己的写作水平。

信息技术使法语写作教学的素材更加丰富多样，实现途径更快速、便捷，交流方式更高效。主要分为以下几种。情境写作：多媒体电脑已成为书面表达中创设情境的最重要支持之一，情境呈现—讨论交流—写作—评价是常用的教学流程。教师可利用多种软件设计各种生动的情景；互动写作：教师可以通过校园网，在线上利用"故事接龙"的形式，增加趣味性，同时也可以推动教师与学生、学生与学生之间的交流达到一个新的水平。还可通过网上的 BBS 来就某一话题用法语展开讨论。另外还能充分利用信息技术，从网络上搜集相关资料，并开辟交流区，内设法语论坛，以交互形式促进学生的法语交流；自主写作：让学生自主从网络上获取阅读材料，读后根据自己的选择和思索进行"吸收＋创造"式的写作，使阅读能力、写作能力和信息素养得到共同提高，将阅读和写作有机地结合起来，还可让学生利用 E-mail 交笔友和外国朋友用法语交流，从而达到提高写作水平的目的；写作反馈最有效的方式是利用电子邮件，学生可以将自己的习作通过 E-mail 发给老师，老师批改后再发给学生。通过以上这些方式，让每个学生都参加到教与学的活动中来动手操作、亲自开口说、主动思考，既提高了学生的计算机操作能力，又促进了学生法语听、说、读、写的能力，达到信息技术和法语教学同步提高的双赢目的。

第三节　互联网+背景下教学资源的优化

一、互联网+背景为法语教学带来的资源

社会发展已经进入了信息化时代，在大学教学中也逐渐使用了信息技术方法，通过信息化的教学方法，能够为学生创造更精彩的学习环境，并且与大学生的喜好特征相符合，使学生能够在学习中感受到快乐，从而更高效地学习法语知识。法语学科作为语言类科目，对学生的应用能力要求极为严格，因此法语环境的营造对大学生法语成绩提升是十分重要的。在互联网+背景下，教师可以在课堂上搜集一些网络中的法语教学资源，并将其应用在教学环节中，学生可以了解到的法语知识资源不仅局限在书本范围内，更能够了解到真实的法语应用案例，并在日常生活中能够灵活应用法语知识。虽然互联网+背景下法语教学得到了很大的进步，但在资源应用时如何优化仍然是现阶段需解决的问题，只有通过资源优化，才能够在高校法语教学中取得更理想的成绩。

二、法语教学资源优化面临的问题

（一）数量激增，载体多样

法语教学资源正在快速增多，但在载体上却表现出落后的现象，并不能在短时间内达到载体与资源相平衡的状态，多样化的教学资源对于常规法语教学任务开展也是一种全新的挑战。例如，在传统教学方法中是以纸质书本为载体来进行教学的，但受互联网+背景的影响，载体逐渐变得虚拟化，如果不能掌握这一特征，学生将会对教学框架理解混乱，影响到最终成绩的提升。

（二）学生参与不足，分布广泛分散

信息化教学模式中，教师会充分应用多媒体教学设备，学生通过观看一些教学资源来对法语知识更深入地理解。这一过程中忽略了学生的参与，只是教师单方面地对知识内容进行讲解，虽然在课堂上学生已经理解了知识内容，但经过一段时间后很容易忘记，这样的教学模式并不是最理想化的。忽略学生参与必然会

导致教学效果不理想的问题发生，长时间在这样的学习环境下，学生的法语实践应用能力也会下降。

三、法语教学资源优化的原则

高校法语课程资源建设是辅助高校法语教学的重要举措，是学生开展个性化学习的前提。在建设过程中应坚持以下原则。

（一）"以学生为中心"原则

所有高校法语课程资源的建设都是围绕学生的法语学习动机和兴趣而开展，为学生创造良好的学习氛围，为学生努力学好法语铺路搭桥。因此，不管是资源建设的决策和规划阶段，还是实施、检查和改进阶段，都要以学生的实际需求为出发点。不但要关注他们的知识类资源，还要关注他们的情绪类资源、问题类资源、错误类资源、差异类资源和兴趣类资源，尽可能让他们成为学习的中心，成为知识意义的主动建构者，确保教材的内容不再是单纯由教师传授的知识，而是学生主动建构意义的对象。与之前不同，媒体也不再仅仅是辅助教师传授知识的工具，而是创设情境、进行协作学习和会话交流，让学生主动学习、协作式探索和创新的工具。

（二）开放性原则

高校法语课程资源建设是一项长期的、系统的积累工作，随着教学改革的不断深入、社会的不断进步和教师专业化发展，已有的课程资源得到更新，新的课程资源得到添加，确保了课程的正常运转。在资源建设过程中，建设者要以开放的心态对待人类创造的所有文明成果，以开放的目光审视周围的事物，开放性原则包括类型的开放性和空间的开放性。类型的开放性指不管课程资源以什么类型存在，只要有利于教育教学，都可以加以开发利用；空间的开放性指课程资源的地域性差异，不管它们是校内或校外、国内或国外，只要能有益于学生知识积累、能力发展、技能提高，都可以加以开发和利用。知识经济是世界一体化的经济，资源的开放性原则是从地区到全球、从微观到宏观、从局部到整体，在不同层次上都要确立的一种基本原则。

（三）前瞻性原则

高校法语课程资源的开发与利用是与学生需求紧密相连的，受现有课程和现实社会的实际需求推动。但从发展的角度来看，课程资源建设还要与未来社会的发展联系起来。只有这样，才能够帮助学生更好地把握未来社会的一些发展趋势。因此，建设者要具有前瞻性思维，密切关注社会的发展动态，注意吸收当前重要的、有影响力的、处于科技前沿的一些素材。在此基础上开发出对学生来说真正有用的课程资源，对学生加以引导，让他们逐步接受这些新东西，为学生以后的终身学习与可持续发展打下坚实的基础。

（四）经济性原则

在高校法语课程资源开发中，要用尽量少的投入开发最大量的课程资源，即实现低投入、高产出。经济性原则涉及经费、时间、空间和学习四个方面。经费的经济性指花较少的钱，甚至不花钱，就能开发出可以服务于学生的高校法语课程资源，如从互联网上提取本校可以使用的法语资源；时间的经济性原则指立足于现实，开发那些适于当前高校法语教学的课程资源，不能等待更好的时机，否则就错过了最佳学习期；空间的经济性原则是指能就地开发的，就不要舍近求远，同时也指课程网站的容量；学习的经济性主要指以兴趣为导向，开发那些能激发学生学习积极性的课程资源。

（五）适应性原则

内容丰富、形式多样的网络资源为开发高校法语课程提供了便利的同时，也给开发和利用带来了一定的难度。迫使人们思考开发什么、以什么形式开发、开发到什么程度等问题。建设高校法语课程资源的目的是更好地服务于高校法语教学，确保服务内容和功能符合教育标准，同时要遵循适应性原则，以方便教师、学生和其他教育工作者获取必要信息，并能实现资源的有效利用。因此，建设者在挑选资源时需要了解学生的需求、分析学生的需求。这意味着建设者需要根据实际情况、从专业的角度出发，对学生提供的需求信息进行科学、精准的分析和表述，确定学生的需求热点和需求方向，做到量身定做或按需供货。适应性原则在高校法语教学中体现为主要依据学生法语水平确定语言内容；依据学生年龄特征确定资源形式；依据学生认知基础选择资源范围；依据教学与学习需要确定开发主题。除此之外，高校法语课程资源建设不但要考虑学生的共性情况，更要考虑特定学生的具体特殊情况。

（六）优先性原则

社会的快速发展，科技的突飞猛进，国际合作和交流日益频繁，使学生需要学习的内容日益增多。同时，知识更新速度加快，更新的周期缩短，使学生的学习内容远非学校教育所能包揽。很多知识，尤其是书本以外的知识，学生只有依靠社会这所无与伦比的"学校"了，把自己融入社会之中，在与他人的交流过程中，抓住一切机会充实自己。因此，高校法语课程资源开发和利用时，必须在可能的课程资源范围内和充分考虑成本的前提下突出重点，优先开发那些学生迫切需要的、能直接服务于学生的课程资源。

（七）规范性原则

随着高校法语教学改革的不断深入，日渐突出了学生在课程学习和资源利用方面的主体地位。学生是知识的建构者，用什么资源，以及怎么用的问题主要由他们自己决定，教师只起着"搭支架"的作用。传统教学模式下，教学要素主要有教师、学生和课程资源，其中教师起着主导作用。而现在不管是师生间的互动、学生间的互动，还是学生和资源间的互动，教师都不再是权威者，只是引导者和参与者，而学生则起着主导性作用。涉及与资源互动时，由于学生自身水平有限，社会阅历不多，对资源中的某些瑕疵，甚至是错误可能鉴别不出来，可能出现摄入错误的内容，妨碍法语学习。因此，建设课程教学资源库，建设的内容一定要经教师严格审核和把关，确保资源的规范性、客观性和科学性，确保资源没有观点和语言层面上的错误，不会误导学生或让学生产生歧义。

四、互联网+背景下法语教学资源优化建设

（一）数字化听力教材

听力教材是高校法语教学资源的主要组成部分。然而，因为听力材料磁带的存储形式不符合数字化信息技术的要求。因此，打造数字化的法语听力教材，成为教学资源库建设的首要任务。将高等院校的法语听力教材数字化，是指将听力

材料从磁带转录到计算机中，并把音频文件存储在硬盘或云盘上。此过程实现了从模拟信号到数字信号的转换。高校法语听力材料数字化过程需要综合考虑教材的完整性、硬件设备的兼容性，以及教师授课和学生自主学习的便利性。因此，在高校法语听力教材数字化处理时，考虑到教学和个性化学习的便利性，根据高校法语听力教学的特点，遵循课件设计思想，将听力材料进行精细划分，例如每个 Passage 或 Dialogue 单独保存一个音频文件。由于听力材料繁多，采用磁盘目录的树型结构来管理这些听力材料，各种用途、各层次班级的教材分别存放在不同的文件夹中。由于材料由电教人员制作，教师使用，故文件夹名及文件名均采用见名知义的命名方法。

（二）使用影像节目教学

除了使用教材附带的听力教材外，还需要不断从各类音像节目和影视资料中进行筛选和编辑，以丰富教学资源库。可以利用各种资源来提升法语听说能力，比如听法语歌曲、观看原声法语电影和法语电视节目等，这些都是非常有用的学习材料。通过聆听法语歌曲，可以激发学生法语学习的动力，也可以利用法语歌曲，进行听写歌词、填空歌词、对话练习等方面的训练。在高校法语教学中，教师常常通过播放影视片段导入教学内容，这是一种非常高效的教学方法，可以极大激发学生的学习欲望。通过观看影视片段，学生仿佛置身于真实的法语交际情景，在观看过程中深入地理解角色的情感，感悟不同的文化背景，与影片中的主角产生情感共鸣。因此，教师可以借助一些视频剪辑软件，如剪映、爱剪辑等，来剪辑一些经典、简洁和精彩的对白片段，这些片段非常适用于教学。这些影视片段可以被教师运用在配音、角色对话模仿、对白听写等教学活动中。学生有多种选择，可以自主选听，或边听边跟读，并且可以随时对片段的发音进行模仿，学习正确的语音、语调和语用表达。通过反复练习改正自己的错误发音，学生可以掌握正宗的法语表达模式。

（三）选购软件的适用性

现今市面上的法语教学或自主学习软件种类繁多，教师或学生可以从中根据个人需求，有针对性地选购软件，以提高课堂教学效果或自主学习效率。例如许多多媒体教学软件都涵盖了海量的法语学习内容，其中有介绍法国文化和生活习惯的内容，使学习者切身感受到法国文化；另外还提供了丰富的练习资源和相应答案，并支持人机对话，因此更适合自学。购买的学习软件，不仅要符合课堂教学的要求、满足教学需要，还必须由电教人员与教师通力合作，自己设计开发与制作针对性强、能满足教学需要的多媒体课件。如在高校法语教学中，提升学生口语表达能力是最为困难的问题之一。为了激发学生的口语表达热情，可以采用制作多媒体课件的方式，将一些常用口语材料融入其中。通过多媒体课件，学生可以模仿发音，还可以利用电脑录音对比提升自己的口语表达技巧。

（四）设计法语网页导航

设计法语网页导航，同时从互联网上下载可用于学习的听说材料。互联网拥有丰富的法语学习资源，我们应该积极开发和充分利用这些资源。许多法语学习网站为学生提供了不同的学习方式，包括在线听力练习、在线小测验和生动的多媒体课件等。法语学习网站提供了许多有趣的听说材料，它们还具有实用性。为了帮助教师和学生在庞大的互联网信息中快速找到符合他们需求的材料，必须创建一个法语学习网站导航页面，详细说明每个网站的特点和内容设置。因为学习网站的更新速度较快，所以需要下载一些实用的听说材料以备将来使用。

第四节　互联网+背景下教学路径的重塑

信息技术和法语教学结合的广度和深度都在增加。正因为如此，高校法语教学的路径得到了不断的塑造。高校法语教学路径的重塑，既是时代发展的要求，又是高校法语教学改革的需要。多媒体和网络在高校法语教学中的应用，极大丰富了法语教学的路径选择。另外，实施分级教学，有利于因材施教，也利于培养体系的更新。

一、多媒体教学，教学手段多样化

多媒体是两种以上计算机应用功能的结合，如文本、图形、音频、视频或动画等。多媒体教学技术系统包括硬件和软件两部分，它的输入输出设备需要高品质的硬件支持。

（一）多感官输入信息

就人类大脑活动机制而言，当各种信息同时刺激两个脑半球的不同区域，在这种情况下最终的学习效果大于各部分之和。因此，多媒体的多种感官刺激能发挥积极作用，给大脑提供不同形式的信息，可以让学习变得更加全面，从而提高学习质量和效率。就学生认知方式的差异而言，多媒体能够给那些不适应在传统教学方式下的学生提供更多帮助。学习者在接受、加工信息时对视觉、听觉和动觉等感觉通道的偏重程度是不同的。视觉型的学习者，对视觉刺激敏感，习惯从视觉接受学习材料；而听觉型学习者则偏重听觉刺激，对语言、声响、音乐的接受力和理解力强，喜欢的方式是多听多说；动觉型学习者喜欢接触、操作物体，对自己能够动手参与的认知活动感兴趣。多媒体提供的多种媒体信息无疑可以使不同学习者各得其所。

（二）自主学习、发现学习、探究学习

1. 自主学习

交互作用对于教学过程具有重要意义。交互学习理论认为，人们是在内部认知结构和外部世界相互作用的过程中，通过活动内化和建构知识的。多媒体支持交互性学习环境。在交互学习环境中，学生可以在掌握先前知识的基础上，根据自己的学习兴趣，自主选择学习内容，包括对练习内容和学习模式的选择。

多媒体课件可以灵活地交互控制学习内容，还可以运用恰当的教学策略来引导学生，在教学实践上体现"因材施教"的原则。学生们可以利用多媒体提供的强大功能，与虚拟人物交流，并根据电脑的反馈（包括语音、词汇、句法和惯用语）来改正发音错误，毫无疑问，这非常有助于提高他们的表达能力。

随着网络技术不断进步以及多媒体信息的自由传递，全球教育交流和共享得以实现。利用网络媒介来制作多媒体教学课件，可以实现教学资源的共享。网络具备强化教学管理和促进师生交流的功能，超越了其他教学设备。在线教学平台上，教师能够运用广播功能进行集体授课。为了更好地与学生互动，可以采用点对点的教学方法，根据学生的不同能力水平，量身制订相应的学习内容，有针对性地提供辅导，实现个性化教学，同时实施分组教学。

2. 发现学习

大多数学习者不是以线性方式来探索知识的。一旦他们对某个议题产生兴趣，就会开始探索该议题的各个方面，将这些概念整合在一起，从而获得对该特定领域的了解。在发现学习环境中，学习者不仅依靠阅读教材，更通过搜集和推理相关信息来实现知识获取。多媒体提供了一个由学生掌控的、能够让他们在特定领域发现、验证假设的学习环境，促进了学生的探索式学习。多媒体环境使学生能够以不同智力和认知策略来学习和整合知识。这一学习环境旨在发展学生的高级思维和问题解决能力。研究者提出，多媒体环境可以帮助学习者获得在信息时代生活所必需的问题解决技能。针对这一目标的软件主要有工具软件（如文字处理、数据库管理、电子表格、电话通信等）、模拟、LOGO 类型的学习环境及 WWW 资源等。

3. 探究学习

在多媒体环境下，每位学习者都有可能学到不同的内容，对同一个主题产生不同的理解。教师应该引导学生表达自己的观点，培养学生从多个角度思考进而解决问题，并选择和整合各种观点。在这种情况下，学生可使用多媒体作为沟通工具，同时多媒体系统还可以让学生用多种方式创造性地组织和交流信息。

多媒体作为认知工具，还可以鼓励学生自己开发项目。通过建构自己的多媒体工程，学生学会了选择适合的信息，选择最适宜沟通信息的媒体，把信息组织转变为便于探索的形式等。

二、网络教学，教学环境优化

无论是网络提供的海量资源，还是网络提供的技术支持，都让高校法语教学进展得更加顺畅。

（一）网络教学总特点

1. 平台的开放性

信息技术为法语教学搭建了丰富的开放性平台，使师生之间的交流效率与质量都有了非常明显的提升，具体表现在以下两个方面。

（1）电子邮件、QQ、微信等成为师生之间沟通、讨论的主要方式，这样的方式避免了面对面交流带给学生的紧张感，从而增进了教师与学生之间的情感交流。此外，由于这些交流方式操作简便，也在无形之中增加了师生的交流频率。

（2）教师为学生安排任务、布置作业、设置目标时，可采取通知板的形式。学生向教师提问、上传作业以及与同学沟通任务完成情况时，都可以通过论坛来完成。

2. 学习信息选择性

在传统教学中，教师经验占据重要地位，教材、参考书等作为参考资源，使学习者并没有多余的选择空间。但是，自由选择学习资源是学习者进行自主学习的关键和前提。在网络环境下，学习者不能被那些仅有的信息源牵制，而是需要在广泛的网络信息源中寻找丰富的学习资料。在网络资源中，学习者可以根据自身情况来设计、安排学习，从而使自己成为学习的主体。在网络学习中，学习者能够从信息的接收、表达与传播的过程中，获取一种成就感，进而激发自己的学习自主性和学习积极性。

3. 教学管理便利性

当前，全国很多高等院校在不断扩大规模，因此需要投入大量人力、物力、资金等来建立语言实验室。但是，这仍旧不能满足学习者的需要。网络应用于法语教学，能够使任何一台电脑与学校的网络建立联系，从而实现与学校资源的共享。事实上，这跨越了时间、空间的限制，使学习者能够随时随地学习法语，也满足了学习者的学习需求，减少了资源的浪费。因此，学校对于教师和学习者的管理也就更加便利了。

此外，在进行教学管理时，教师也需要发挥作用。教师可以将自己的优秀教案传到网上，让学习者选择阅读和使用。同时，教师可以进行在线点播，将真实的授课内容分配给各个站点，让更多学习者受益。事实上，这不仅缓解了教师短缺的情况，也便于教师对大量学习者的管理。

4. 学习任务协作性

基于网络的法语教学还体现了学习任务的协作性。早在1930年，很多学者就指出协作学习有助于提升学习者的学习效率。从近几年的研究中发现，协作学习要比个别化学习、课堂讲授有更大的优势。协作学习的实质是让一些学习者合作完成某项任务，如果在任务中遇到问题时可以协作解决，同时学习者在对知识的建构中还能不断与同伴协调、沟通与合作，从而共同完成学习任务，也共同承担最后的结果。通过协作学习，学习者对知识会产生更深层次的认知，并逐渐构筑成符合自己的学习方式。

5.学习过程的互动性

基于网络的法语教学在学习过程中具有互动性。所谓互动性，是指将人的活动作为一种媒介来传播信息，使信息的发出者和接收者都可以参与其中，且参与方都可以编辑、控制、传递信息。互动性有助于学习者在获取信息以及使用信息时都能发挥学习者的主观能动作用，增加学习者对信息的注意与理解。这比传统的法语教学要实用很多，因为传统的法语教学以教师为中心，属于单向的知识辐射，因此单位时间内传输知识是具有很大挑战性的。

在网络教学环境下，教师可以对法语学习顺序进行人为的变更，随机更改练习的句型，从而更好地实现因材施教。同时，学习者也可以进行主动检索，查询自己感兴趣的内容和知识，而不像传统法语学习中只能被动地接受知识。

（二）网络教学手段

网络教学手段非常多样，如上文已经详细论述的翻转课堂教学法就是其中之一，在此不作赘述，而是以慕课为例进行简单介绍。

慕课是一种在线课程开放模式，是在传统发布资源、学习管理系统的基础上建立起来的课程模式，又称为"大型开放式网络课程"。慕课主要由具有协作精神与分享精神的个人组织，他们将优异的课程上传到网络，可供需要的人下载和学习，目的是促进知识的传播和发展。

2012年9月20日，百度维基百科将慕课进行了界定，即慕课是一种以开放访问、大规模参加为目的的在线课程。慕课的英文字母是MOOC，这四个字母分别有其代表的含义。

M：代表参与这种开放性课程的人数多，规模大。

O：代表这一课程具有开放性，只要是想学习的人都可以参与其中。

O：代表这一课程学习的时间是非常灵活的，想学习的人可以自主选择。

C：代表课程包含的种类众多。

三、分级教学，培养体系更新

高等院校不断扩招，进入高校的学生由于受地区差异、生活经历差异的影响，在法语水平上有着很大的差异。如果将这些水平参差的学生安排在同一班级，则教师很难因材施教，进而导致"基础较好的学生学不深，基础较差的学生跟不上"。因此，可以实施分级教学。所谓分级教学，就是根据学生的实际法语水平及其接受法语知识的潜能，制订不同的教学目标、教学方案、教学方法等，在讲课、辅导、练习、测验和评估等方面充分体现出层次性，最终让学生在各自不同的起点上不断进步。

分级教学的流程如下。

（一）科学分级

级别设置的科学性是分级教学能否实现教学效果的前提和关键。在实施分级时，要遵循个人意愿与统一考核分级相结合、实际水平与考试结果相结合的原则。此外，需要有科学的分级试题和分级标准。就学生的基础能力和发展潜力来看，可以将学生分为三个级别，即初级、中级、高级，具体要求如下。

（1）初级班学生的语音和语法等基础知识都不太扎实，教学时应放慢进度，强化学生对基础知识的掌握。

（2）中级班学生的法语水平一般，但往往对法语听说感到畏惧，处于这个级别的学生数量最多，可以按照正常进度教学，并使他们在等级考试中能够取得好的成绩。

（3）高级班学生的法语水平普遍较高，具备一定的听说和读写技能，但是听说能力还需要加强，教师应尽量使他们通过更高级别考试，并取得较好的成绩。

（二）保持区分度

在分级考试中，有些学生可能因为一分之差没有进入高级班，多一分少一分也许还不能证明法语能力的高低。这时候，分级考试的界限就显得不客观、不灵活。为了提高区分度，可以让学生自己参与分级，实行双向选择。学生是最了解自己法语水平和学习兴趣的人，他们由原来的被动选班变成了自主选择班级，这将极大地增强他们学习法语的积极性和主动性。具体方法是依然参考高考和摸底测试的成绩，同时公布各个级别的不同起点、听说读写各方面的学习要求和最终目标，学生可以根据自己的学习兴趣申请对应级别，由分管部门最终审定。

（三）落实升降机制

分级教学要采用灵活的升降调整机制，它是指通过考核和征求意见并在一定范围内定期调整学生的级别，使学生所受的教育和当前的状态相匹配，因为高级班和初级班的教学进度和教学形式有很大差别。对于进步的学生安排升级，这样不仅可以提高学生的积极性，还能为其他学生树立榜样；对于退步的学生要安排降档，这样可以刺激退步的学生重新调整学习策略，以便取得更大的进步。当然，也可以只在初级班和中级班之间实施升降机制，即初级班和中级班统一教材，统一进度，定好升降级的比例或者名额，一定周期进行一次微调，这样便做到了不同级别之间的良好衔接。

（四）完善评价机制

在分级考试中，各级别的学生一般采用不同难度的试卷，这就可能会出现一个问题：高级班学生的法语成绩低于部分中级班或初级班学生。为了有效解决这一问题，需要完善分级教学的评价机制，可以尝试增加平时表现在总评成绩中的比重，注重过程性评价，利用形成性评价与总结性评价相结合的方式来确定最终成绩。此外，还可以根据各级别试卷的难度引入加权算法，设定一个科学的系数，整体调整高级班或者初级班学生的分数。

第五节 互联网+背景下教师能力的发展

信息技术时代对高校法语教师的专业能力提出了新的要求，如何提升教师的专业发展水平受到越来越多人的重视。下面就对互联网+背景下高校法语教师能力发展的途径展开探讨，以期促进高校法语教师的专业发展。

一、自主学习

互联网+背景下的教师教育更多的是自主学习，据此需要教师建立信息意识、掌握信息知识、提升信息技术与课程整合的能力。自我发展是教师提高信息素养的重要途径，也是最容易实现的一个途径。

（一）自主学习的形式

法语教师的自主学习包括以下几种形式。

第一，收看教学录像。

第二，参与网络教育论坛讨论。

第三，阅读相关文献。

第四，观摩他人教学。

第五，参加教学研讨会。

（二）在线自主学习的方法

教师的自主学习也包括向学生或向自己的孩子学习。目前，国内外已经有很多法语教师可以分享在线发展的机会。通过 21 世纪网、TESOL 国际协会、ESP 教学与研究等网站，法语教师既可以下载丰富的法语教学资源，了解法语教学的新动向，也可以与同行分享教学经验，参与教学问题的讨论。

通过全国教师教育网络联盟、全国高校教师网络培训中心、国家精品课程资源网等网站，教师可以拥有网络教研和培训的平台，不仅全国高校教师可以获得优质教学资源，也能汲取精品课程的宝贵经验。

面对面的培训便于培训师当面指导，优点是节省时间经费、契合本校教学实际，缺点是个性化、针对性不足；网络协作学习的优点是具有自主灵活性，缺点在于培训组织和管理松散，缺乏效率。综上所述，提高教师信息素养的各种途径有利有弊，应该根据教师的不同发展需求，采取灵活多样的途径。

二、专业引领

在学习化的社会中，法语教师也需要不断地学习。随着我国高校法语教学改革的推进，再加上信息时代的到来，教师要想实现自身发展，必须更新教学理念，而先进的教学理念需要通过高层人员，如骨干教师、研究者等的协助与引领。

专业引领是促进教师专业发展的一个有效途径。专业引领人员可以是教育研究的专家与行家，不仅包括专业研究人员，如教育科研人员、教研人员，也包括具有教育研究专长的人员,如学科带头人、特级教师等。高校法语教师应虚心向这些专业人士学习,接受本领域先进的思想、经验以及技术方面的专业引领。专业引领的实施可以采取以下方法。

(一)教育教学理念研讨

教育教学理念对法语教师的教学行为具有很大影响。高校法语教师应不断学习先进的教育教学理念,以促进自身专业发展。为了完成这一任务,专业引领人员可以采取多种形式,如教学诊断、专题研讨、座谈咨询、学术报告等。

(二)教育教学方案共创

当高校法语教师完成对先进教育理念的学习并形成自己的教学理念后,专业引领人员与被引领人员可以一起展开交流讨论,引领教师,同时双方一起拟定出教育教学方案。专业引领人员应注意发挥引领作用,同时指导教师的教学设计,使教师可以设计出个性化的教学活动。通过专业引领,高校法语教师可以顺利制订出符合教育理论要求的教学方案,同时也可以在具体的教育活动中得以有效实施。

(三)教育教学实践指导

制订教学方案后,法语教师就应将教学方案运用于教学活动中,对教学设计与教学方案加以验证。这就要求专业引领人员进入课堂教学,对法语教师的具体教学行为展开观察与记录,主要涉及教学方案的实施情况、教师教学设计的执行情况、教学方案与具体课堂教学的比较,从中找出差距,发现存在的问题。在课堂教学结束后,双方共同交流、探讨,对教学方案作出进一步的修订,从而改善教学设计与教学行为。

三、教学反思

美国教育家杜威认为,反思是指对于任何信念或假设的知识,进行主动的、持久的和周密的思考。教师进行反思有利于促进其自身的专业发展。1983年,舍恩提出"反思性教学"这一术语。他认为,反思性教学指的是教师从自己的教学经验中进行学习的过程。

通过反思性教学，教师对自己的教学活动进行思考，对自己的教学行为、决策以及由此形成的结果加以审视与分析，并以此为依据，采取相应的对策。这一模式是提升教师专业能力的一种有效途径。

（一）反思性教学的内容

反思性教学的内容主要包括以下几个方面：对教学理念的反思、对教学技能的反思、对教学过程的反思、对教学效果的反思。

1. 反思教学理念

法语教师应该反思自己的教学理念，用先进的理论武装自己，根据多元社会的要求转变教育理念，进而从思想上为自己的角色转换排除障碍。对教学理念的反思主要包括对自身教育观、教学观、学习观、语言观、课程观和职业观、教师价值观以及道德观的反思。

通常而言，课堂教学的组织与安排主要涉及下面这些内容：对学习活动进行选择，为学习者学习新知识做好准备；将学习活动呈现出来，根据学习活动提问；对学习者的句型操练加以指导，检查学习者的理解程度；给学习者提供机会进行法语操练，对学习者的学习过程加以监控；对学习者的学习活动提供反馈等。

在教学过程中，如果想要了解教师对上述这些教学活动是如何进行处理的，就需要审视教师的教学理念。这是因为教师的一切教学活动都是受自身的教学理念所支配的。教学理念的反思有助于教师理性地反思自己的教学实践，评价自己教学实践的合理性与有效性。

2. 反思教学技能

反思性教学的内容还包括对教学技能的反思，具体应考虑如下一些内容。

在课堂教学中，理解性问题、开放性问题以及高层次问题提问的数量以及学习者参与的人数和次数，对问题学习者的处理，对课堂上突发事件的处理，法语知识教学所采用的方法与技巧，教学活动设计的合理性，运用教学手段的技能，课堂教学的组织与管理。

3. 反思教学过程

对教学过程的反思也是反思性教学的一个重要内容。对教学过程的反思主要涉及对下面的内容进行审视。

教学角色是否符合教学材料、教学目标和学习者需要。教学活动设计是否合理。教学活动实施是否与预期目标一致。教学技术的使用是否对学习者学习法语以及发展能力有利。教学目的、教学工具、教学方法、教学措施以及教学过程等是否实现了理念与实践的统一。时间安排是否合理。学习者参与课堂学习活动是否积极，学习者取得了怎样的学习效果。

上述反思具有较强的科学研究性质，可以使法语教师理性地回顾自己的课堂教学行为，从中发现问题以及不足，从而改善教学质量，提高教学效率。

4.反思教学效果

反思性教学还要对教学效果进行反思。在教学活动结束之后，教师应对整个教学实践所取得的教学成效作出价值评判，主要应从如下两个方面展开。

学习者角度的满足程度。就学习者角度的满足程度而言，其主要是考察教学目标是否达到了教学大纲的要求，这些要求包括法语知识、法语技能、学习策略、情感态度和文化意识等。

教师角色的价值感受。就教师角色的价值感受而言，其主要是考察教师在确定价值取向、实施教学活动、进行价值判断过程中自己的教学活动对学习者的影响情况、对个人经验的提升情况、对教学理论和教学理念的促进情况。

（二）反思性教学的方法

由于法语这门学科的特殊性，法语教师的教育对象、教学环境、人才培养方式有着自身的独特性。这就要求反思性教学的实施也要遵循一定的过程。反思性教学的基本过程归纳为如下四点。

1.分析行动：发现问题

当教师在教学或研究中遇到困难的事情，或者麻烦和困惑时，大多会作出如下三种反应：沉溺于想入非非之中；直接逃避，对这些现象并不理会，或者选择做其他的事情以回避；下定决心真诚地面对这些问题和现象。

这三种反应实际上都属于反思性思维。因此，反思性教学是基于问题产生的，其起点就在于发现教学中的问题，如果教学效果未达到预期，或者超出预期时，往往会让教师困惑或惊奇，导致反思性思维的产生。在教学过程中，法语教师必然会遇到一些问题，如教学目标设计不能适应真实的教学环境；教学环境资源由于未体现在教学设计中，导致未被充分利用和开发；教师已经具备的职业技术教育、法语语言知识在教学中未得到有效使用，不能解决教学中的问题；法语语言知识与其他专业知识训练与讲授的比重并不平衡；教学中的理论与实践不对应等。这些问题的出现必然会给法语教师造成困扰，一旦出现这种情况，也就激发法语教师对教学的反思。

2. 描述情境：明确问题

如前所述，教学中出现的问题会引起教师的困惑，让教师的思维更加迷茫和混乱。这时，虽然教师已经有了探究问题的方向，但是需要解决的问题并没有清晰化，因此需要教师对这些问题进一步明确，只有这样才能展开相应的研究。

对问题明确的方法就是对问题展开详细描述，让自己的经验尽可能在眼前呈现，让真正的问题聚焦在一起，这实际上是通过教师自己对教学情境的认识来明确问题的过程。

3. 利用已有知识和经验：理解问题

善于反思的教师往往在对问题明确之后，以这些问题为中心，对收集来的资料进行分析和解读，从而理解这些问题。法语教师会在固有的知识中寻找与这些问题相似的知识和信息，根据自己的固有知识及具体的实践经验，对这些问题进行分析和对比，摸清楚问题产生的原因，并总结经验，审视自己的教学策略与方法，形成新的教学方法，从而设计出更加完善的教学计划。

4. 提出理论，验证假设：行动研究

当教师理解了问题之后，就会形成新的行动策略与理论，这时就应该付诸实践，即行动起来，建立理论假设，并对理论假设进行验证。通过教学实践的验证，如果所期望的结果出现，就会使得新理论得到验证，并不断加强。如果所期望的结果并未出现，就会造成教师的疑惑，因此教师需要进一步反思，开始新的行动研究。

就上述过程和程序来看，反思性教学是让教师成为一名真正的研究者，反思的过程就是教师展开行动研究的过程，也是教师付诸实践的过程，这对于提升教师的素质和能力，推动教师的专业化发展大有裨益。

四、教学合作

在互联网＋背景下的高校法语教师专业发展中，教学合作是一种非常有效的发展途径。该途径包含以下四项内容：校企合作、师生合作、同伴观摩、校本督导。

（一）校企合作

对于校企合作的分析，首先需要弄清楚"校"与"企"，"校"指的就是学校，而"企"指的就是企业或"行业界""工业界"，因此校企合作就是学校与企业的合作。在教育领域，校企合作是对教育活动、改革发展情况等规律的整合和揭示。在著名学者杜威看来，学校就是社会，而教育就是生活经历，学校是社会生活的一个重要形式。因此，从杜威的观点中可以看出校企合作模式是学校与企业为了实现各自的目的，而建立的一种合作共同体。其构建的目的是实现产品研究、技术开发、教育培训、学生培训、社会服务等。

在高校法语教师的专业发展层面，校企合作有两个基本观念。

（1）法语教师的专业发展需要从系统的观念和全局来进行设计，从而实现整体化的改革，要注意这不是在高校内部可以自己解决的。

（2）要想保证法语教师能够真正实现专业化发展，首先需要提供一个开放、自然的生态环境。

在具体的实践中，校企合作要求高校和企业构建符合要求的高素质专业教师队伍。这需要从以下两点着手。

（1）高校法语教师深入企业，进行亲身体验与实践以了解社会对学生素质的要求。在企业中，高校法语教师可以深层次感受企业文化，从而树立企业观、市场观，同时也明确自己的教学目标，提高自己的教学技能。

（2）企业的高级员工去高校讲学，使教师队伍进一步强化，从而解决当前高校师资力量短缺的问题，最终实现师资共建。

（二）师生合作

所谓师生合作，是指目标相同、信念相同、理想相同的教师和学生共同构筑的合作模式。该模式包含很多层面，如教学过程、教学内容、教学目标等。只有教师和学生都积极地参与到教学活动中，彼此之间进行互动交流，才能保证师生之间实现知识共享。这是构建师生合作模式的最终目的。

要想合理地实现师生合作，可以从如下几点着手。

1. 构建民主的师生关系

就当前的师生关系来说，他们应该是平等民主的。根据民主教育思想，高校法语教师应该将学生个体的价值突出出来。每一位学生都有自己的权利、自己的尊严、自己的情感需求，教师要对学生的这些层面予以尊重，将学生的主体性发挥出来。传统的高校法语教学强调以教师为中心，即学生要尊重教师，但是应该认识到学生尊重教师的前提是教师要尊重学生。因此，当想实现师生合作时，教师应该是民主化的教师，即具备民主的教风、民主的思想、民主的作风等，并且能够与学生平等地进行交流与合作。

2. 构建合作的情境

根据情境认知理论，知识的学习是围绕知识运用这一情境展开的。知识的学习不仅仅是学生在学习，更重要的是教师在学习。教师的学习与其工作融合在一起，通过不断的学习，他们可以改进自己的教学质量，提升自己的教学素质和能力。学生的学习就是在固有知识的基础上构建新的知识，是基于创造、问题、合作的学习。因此，如想实现师生合作，教师和学生都应该创设真实的法语情境，也只有在这些真实的情境中，才能使教师、学生、教材形成一个对话的格局。

3. 构建合作的共同愿景

共同愿景是所有人员都追求、认可的美好愿望，这也是所有人追求的奋斗目标。师生合作意味着师生之间共同分享、参与、理解。在这里，教师和学生都知道他们正在做什么，知道做的事情与生活的关系等。

（三）同伴观摩

顾名思义，同伴观摩是指同行业的同事之间互相进行课堂倾听的模式。在该模式下，听课的教师应该保持坦率、认真的态度，加倍关注任课教师的教学行为，而不仅仅是对任课教师进行监督和评价，从而既推动任课教师的发展，也对自己的课堂教学有一定的借鉴。

当进行同伴观摩时，任课教师与其他观摩教师就该课堂的教学环节、教学问题展开分析和商讨，而后决定采用何种观摩形式，观摩结束之后，教师之间要对观摩的结果进行总结。

一般情况下，同伴观摩模式对高校法语教学教师的发展有着重要作用。

同伴观摩对被观摩者和观摩者都具有重要意义。同伴观摩需要任课教师与观摩教师的共同参与、共同合作。对于观摩者来说，他们观摩的是同伴的教学策略、教学实践、教学效果等方面，从而找出其教学的优缺点，并将好的层面运用到自己的教学实践中。对于被观摩者来说，他们可以通过观摩者给予的建议，对自己的教学活动进行总结，从而不断改进自己的教学过程，收获更好的教学效果。

同伴观摩可以避免评估观摩与监督观摩带来的不利影响。一般情况下，监督观摩带有浓重的监督和评估色彩，且他们对于任课教师的评估往往存在较大的主观性与规定性，这极大地影响着任课教师的心情和教学展示效果。相比之下，同伴观摩就不会出现这一情况，因为他们的地位身份比较接近，因此进行观摩是非常容易和合理的，从而能够促进高校法语教师的教学发展。

总之，同伴观摩为高校法语教师的专业发展提供了一个平台，推动着法语教师向着更高层次的水平发展。

（四）校本督导

校本督导是由学校成员参与的自主与合作的指导过程，目的是提升学校教育实践活动。

1. 校本督导的层面

（1）法语教师个人发展。其强调学校应该关注教师的个人满足感与职业的稳定。同时，学校也不能忽视教师的身体情况、家庭状况、感情情况等。也就是说，法语教师的个人发展涉及职业操守、兴趣爱好、家庭生活、社会活动等方面。

（2）法语教师的专业发展。这是校本督导模式最基础的内容，其强调的是教师教学技能的发展和提高。具体来说，法语教师的专业发展主要涉及教学方法、专业知识、课程与教学、实践能力、教育研究、教学目标等方面。

（3）学校的组织发展。其强调的是教师生活质量的提高、学习组织氛围的改进、学习发展目标的达成。具体来说，学校的组织发展涉及人际关系、人事制度、学校规章制度、学校管理计划、学校组织、学校财政、校园氛围等。

但需要指出的是，法语教师个人发展、法语教师的专业发展、学校的组织发展这三大层面是紧密联系的，三者相互作用、相互重叠。教师专业发展是以法语教师个人发展与学校组织发展作为保障和支撑点的。

2. 校本督导的形式

（1）常规督导形式。这是一种必不可少的督导形式，其意义与行政监督有着相似的地方。常规督导形式往往是由学校主管部门或者院系领导定期组织听课，观察任课教师的课堂行为与教学活动，从而对任课教师提出意见，给予任课教师一定的帮助。

（2）自我督导形式。这一形式是由教师自己制订专业发展规划，然后独自实施，最后完成自己的专业发展规划，实现自己的专业发展。自我督导可以采取多种形式，如参加相关研讨会与座谈会、组织学生评价自己的教学行为、对研究报告和专业杂志进行分析、通过录像等设备来分析自己的教学活动等。

（3）教学督导形式。这一形式主要是由督导教师对任课教师进行有针对性的帮助活动，从而进一步提升任课教师的专业技能。这一督导形式是面对面的督导，通常采用的方式有诊断性督导、微格教学技术等。其中，诊断性督导形式是最常用的教学督导形式，其帮助的对象往往是新教师或者缺乏教学经验的教师，从而有助于帮助这些教师解决问题，促进新教师向着成熟教师的方向发展。

第六章　互联网＋背景下的案例分析
——L2 法语学习

本章主题为互联网＋背景下的案例分析——L2 法语学习，依次论述了 L2 法语的学习主体、L2 法语学习动机与能力、L2 法语学习过程与策略、L2 法语教学案例分析四个部分。

第一节　L2 法语的学习主体

学生是 L2 法语的学习主体。

一、学生的角色定位

在法语教学中，学生主要扮演以下几个角色：

主人。学生是法语教学中的主人。学生对知识的探索、发现、吸收以及内化等实践活动都有利于知识体系的构建。

参与者。作为法语教学活动的重要参与者，学生应积极主动地参与到各项活动中，积极思考，勇于表达自己的观点，展示个人的才能。

合作者。法语教学是师生之间及学生之间共同进行的，因而团队合作是不可缺少的。在合作中，他们可以相互学习、相互帮助、共同提高。

反馈者。在法语教学中，学生的反馈信息是教师教学的一个重要依据，学生可以结合自身学习经历，就教学法的实用性向教师提出建议或意见，并协助教师改进和完善教学内容、教学方法，从而提高教学效果。

二、学生学习的影响因素

（一）智力

所谓智力，指的是掌握和使用各种学习技巧的能力。有学者指出语言潜能与智力因素是平行的。

但问题在于，在母语习得过程中，我们发现，智力并非决定性的因素，除非是智力障碍者，一般人都能获得完整的语法能力。如果这一结论是正确的，那么我们可以预测，法语习得中智力因素也不是一个决定性的因素。

卡明斯（Cummings）提出了一个折中的说法。他将语言能力划分为两种：（1）认知/学习语言能力。它与一般智力有关；（2）基本人际交往能力。它是口头交际能力必需的组成成分，也是影响语言能力中社会语言技巧的因素。他认为，这两种能力互相独立，在母语和外语学习过程中都起作用。他观点的理论大意是："如果在自然环境下学习外语，智力将不是一个决定性的因素；但如果外语教学侧重于语言形式教学时，智力将起很重要的作用。智力水平在很大程度上影响语言能力的发挥。"[①]

智力因素对法语习得的影响程度目前还未有定论。我们认为，智力因素本身也是一个非常难以界定的概念。智力因素包括哪些内容，如何起作用等都有争论。智力因素与年龄有关，既与大脑的发育成长有关，也与环境因素有关，它对法语习得过程的影响是很复杂的。从已有的一些研究结果来看，年龄越小，智力因素的影响越小；学习环境越正式，越需要分析综合能力和技巧，智力因素的影响越大，反之亦然。

（二）语言潜能

语言潜能最简单的定义就是：潜能是一种固定的天资。某些人较其他人有更高的潜能。有这种能力的人，在语言学习方面可能会取得更快的进步。卡洛尔（Carroll）认为，语言潜能包括：

（1）语音编码、解码的能力，即关于输入处理的能力。

（2）归纳性语言学习的能力，它是有关语言材料的组织和操作的能力。

---

① 李卫平. 高等学校教育科研论丛 [M]. 北京：中国农业科技出版社，1998.

（3）语言敏感性，它是从语言材料中推断语言规则的能力。

（4）联想记忆能力，它是关于新材料的吸收和同化能力。

每个学生的语言潜能都存在差异。在法语教学过程中，教师应了解学生的语言潜能，从而因材施教，使之针对不同的学习任务在不同场合发挥各自的长处，以达到事半功倍的效果。

（三）认知风格

认知风格又称"认知方式"，是指个体在认知过程中所表现出来的习惯化的行为模式，它既包括个体知觉、记忆、思维等认知过程方面的差异，也包括个体态度、动机等人格形成和认知功能及认知能力方面的差异。学习者认知风格的分类十分多样，如可以分为场依赖型风格和场独立型风格。场依赖型风格的特点是：依靠外部参照来处理有关信息；倾向于从整体上认知事物；往往缺乏主见；社会敏感性强，易与他人进行交际。场独立型的学习者的特点是：以自我为参照系；倾向于分析；具有独立性；社会交往能力相对较弱。场独立型的学习者可以根据感觉通道偏好分为三种风格：一是视觉型学习者。这类学习者对于视觉刺激较为敏感，习惯通过视觉接受学习材料，如景色、相貌、书籍、图片等。他们适合通过自己看书和做笔记进行学习，而不适合接受教师的讲授和灌输。二是听觉型学习者。这类学习者较为偏重听觉刺激，他们对于语言、声响和音乐的接受力和理解力较强，甚至喜欢一边学习，一边戴着耳机听音乐。当学习法语时，他们喜欢多听多说，而不太关心具体单词的拼写或者句型结构。三是动觉型学习者。这类学习者喜欢接触和操作物体，对于自己能够动手参与的认知活动更感兴趣。因此，教师用手轻拍他们的头表示赞赏，要比口头表扬产生的效果更好。

每个学生都有各自不同的认知风格。然而，不同的认知风格又有优劣之分，但这并不体现在学生的学习成绩上。每个学生都有自己偏爱的信息加工方式，在学习不同材料时也会各有所长。当学生的认知风格与教师的教学风格、学习环境中的某些因素相吻合时，就会获得好的学习成绩。因此，教师应了解并尊重学生的认知风格，针对不同的学习任务和学习环境因材施教，正确引导，使自己的教学特点与学生的需要有机地结合起来，从而获得良好的教学效果。

（四）动机和态度

所谓动机就是：（1）对某种活动有明确的目的性；（2）为达到该目的而作出一定的努力。

所谓态度，应该包括这样几种成分：（1）认知成分，即对某一目标的信念；（2）情感成分，即对某一目标的好恶程度；（3）意动成分，即对某一目标的行动意向及实际行动。

显而易见，态度作为一种情感因素，它对某一目标的具体实施和最终达到的成功程度是极为重要的。语言学习中的三种基本态度分为：（1）对目的语社团和本族语者的态度；（2）对学习该语言的态度；（3）对语言和语言学习的一般态度。

态度与动机密切相关。对某外族文化有好感、向往其生活方式、渴望了解其历史、文化及社会知识，这是一种十分有利于学习该文化的语言因素。相反，如果对某外族文化有轻蔑、仇视或厌恶的态度，就很难想象持这种态度的人是否能认真地去学习该文化的语言。如果对某一种语言有好感，对该语言的结构和表达法感到新奇，那么对这样的学习者来说，学习该门外语是一个不断发现新鲜事物的过程，学习对他来说是一种乐趣，是一种探索；相反，把外语想象得过难，并难以理解外语表达法，持这样的态度的学习者必然会对外语学习畏之如虎，学习的效果毫无疑问会受其影响。学习者对学习材料是否有兴趣、对教学活动的组织形式是否有兴趣，这些都会影响学习者的情绪和学习效果。教师的个性也是学生改变对外语学习态度的一个重要因素。教师的热情、活泼、博学多才会对学生和学习内容产生积极的影响。

态度对外语学习过程的影响主要通过动机来实现。总的来说，态度影响和决定动机，当然，有时特殊的动机也会反过来作用于态度。

（五）个性

心理学上区分的"外向型"和"内向型"两种不同的性格对外语习得也产生影响。

人们曾一度认为，外向型性格的学习者由于练习外语的机会多，其学习成绩要优于内向型性格的学习者。但后来有些研究者做了相关的实验却发现事实并非如此。这是因为，不同性格的学习者对处理不同的学习任务运用了不同的策略。

外向型性格学习者的善谈、快速反应有利于获得更多的输入和实践的机会，但他们往往不十分注重语言的形式；而内向型的学习者可能更善于利用其沉静的性格对有限的输入进行更深入细致的形式分析，尤其在注重语言形式和语言规则教学的课堂教学环境下占有优势。

教师对不同性格的学习者可采取的方法有二：一是顺其自然，顺水推舟，针对不同的学习任务在不同的场合注意发挥各自的长处；二是通过某些手段，促使不同性格的学习者向相反的方向作些转变，以适应各种不同的学习环境和任务。不管怎样，教师应对学生性格有一定的了解，并在教学过程中考虑这一性格因素的作用是十分必要的。

第二节 L2 法语学习动机与能力

一、L2 法语学习动机

学习动机对于学习效果有着很大的影响，同时在高校法语教学中，教师如果能够掌握学生的学习动机，就能够更好地设计教学过程，采取更加有效的教育方法、手段，从而获得更好的教学效果。L2 法语的学习动机一般分为以下几种。

（一）学习对象相关的动机

这类动机应该在学生决定学习外语之前，或者在刚开始学习的时候发挥作用，它们应该是外语学习的最初动因，可以表现为对目的语及其文化本身的一种特殊兴趣，也可能表现为对广泛意义上外语的一种爱好，主要包括善于发现其他文化、爱好旅游和喜欢与外国人交往。这类动机很受个人和集体对目的语及其文化刻板印象和意识表征的影响，比如某种语言是有用的，某种文化是现代的、享有盛誉的，等等。其实，即便这些动因在刚开始的时候可能显得平庸，或者含有趣闻轶事的意味，甚至有点牵强附会，但这不重要，只要它们能够"抓住"学生的心，让外语学习起步就行。教师千万不可小觑这些初始的动因，更不能马上加以质疑，要知道，一见钟情可能触发一场长恋，所以，教师此时应该注意的是，激发其他更可靠的动因。当然，没有必要一定让所有学生都感兴趣，但还是应该尽量在最初几节课上，组织一些新颖、有趣、愉快的活动，以便吸引更多的学生。实际上，这类动机是可以建构的，最好是及早利用学生的新鲜感，避免形成不良的学习习惯。

（二）学习过程相关的动机

这类动机与学习对象没有直接关系，但和学习过程本身密切相关，这个过程也可能是针对另一门外语或科目的学习。不可否认的是，有的人确实更好学，他们更加追求学习带来的智力上的刺激、成就事业的机会和个人的满足感，而为此表现出的精神状态和行为举止也有利于他们的学习。这类动机深刻影响着学习过程和学习者的恒心，学习者将通过学习过程本身获得心理上的满足。教师可以帮助学生树立这样的动机，及时引导和奖励他们付出的努力，而不要等到期末考试或者他们找工作时才有所行动。这类动机也受学习者对自身能力的意识表征的影响，因为每个学习者都不可避免地会在心中度量自己学习外语的能力、有效听课的能力、熟记单词的能力、运用语法规则的能力、团队合作的能力和发言的能力。每个人也都会根据自己的经验，对外语学习与教学方法的好坏提出自己比较的看法。负面的意识表征可以得到纠正，前提是要明确地表述出来让大家讨论，这样就能打破自我暗示的恶性循环。

（三）学习环境相关的动机

环境对学习外语这样的科目至关重要，因为人的因素在外语学习中占据十分重要的地位，关于这一点，我们已经多次强调。学习者对一门语言以及学习该语言的兴趣也都和这门语言的教学环境相关。若想让学习者先在课堂上、后在社会上勇于发言、大胆参与和表现得积极主动，就特别需要态度和善的教师、亲密的师生关系以及轻松的学习氛围。对于有些成年学习者尤其需要做到这几点，因为他们走进外语课堂正是为了能够在此感受集体的融洽与团结的氛围。在任何情况下都要寓教于乐，主要就是因为乐在教学中是十分重要的。营造良好的学习氛围和集体荣誉感是教师作为高尚职业者义不容辞的职责，教师不能只满足于做老好人。教师优秀的教学质量和严谨的教学安排等，也是激励学习者坚持刻苦学习的动因。因此教师要不断反省自己的教学是否有吸引力，是否具备关联性、系统性和多样性。此外教师还应牢记，丰富的教学资源（如期刊、文献资料、游戏和影视节目等)、现代化设备的使用、教学场地的布置装饰等同样会为课堂教学增添趣味。

(四)学习终极目标相关的动机

学习终极目标相关的动机是教师、学校、学生最喜欢用来激发学习外语兴趣的因素之一。通过确立目标来激励他人或自我激励着手进行一项计划,它的重要性我们在这里不会加以质疑。但是,如果过于强调学习的收益——而这恰恰是现今所推崇的,则很可能使学习过程变得索然无味,到头来反而会影响学习的成效。不断告诫学生要努力学习才能通过考试,才能谋得职业,才能获得晋升,这确实能够在短期内激发他们学习的热情,但从长远看,可能会打击他们的信心,有损于他们的学习。同时,倘若学习目标遥不可及,或者过于抽象,学生则会无动于衷,甚至完全丧失信心;相反,如果学习目标定得太具体、太执着,这样的学习效果哪怕很好,也很有可能出现目的实现之日即学习终止之时的结果。我们都知道应试的恶果,因为它只满足于一次考试成功,从不考虑将学到的知识运用到将来和具体的语境中。学业成功和职业晋升可以成为学习外语的理由,但却不是唯一的终极目的。学习外语也可能受社会、文化和行政因素的驱动,比如,为了融入目的语国家,觉得目的语国家的文化魅力无穷,或者为了便于获得目的语国家的签证。上述这些动机虽然合情合理、行之有效,但终究难免把外语学习工具化,因为学生会通过外化的收获也就是最终的回报来看待固然辛苦的学习过程。不过,学习外语的总体目标和相关课程的最终目标,对于制订教学大纲和评估教和学的进展情况却是必不可少的。为了使这类目标具有促进学习和教学的作用,应在可能的情况下,让学习者参与讨论并接纳这类目标,并使之体现在"教学契约"中,同时还要将学习终极目标相关动机与学习过程及其每个阶段、每个活动的过渡性目标相衔接。

以上介绍、分析的四大类学习动机都有可能,也应该会对外语学习产生影响,因为学习外语既需要有意义的理由驱动,也离不开可信的目标追求,既需要智力的激励,也离不开有利环境的支持;第一类对于启动外语学习很重要,第二类对于确定外语学习的方向很关键,其余两类则是保持学习的动因进而支撑整个外语学习的过程所不可或缺的。它们之间的关系如图6-2-1所示。

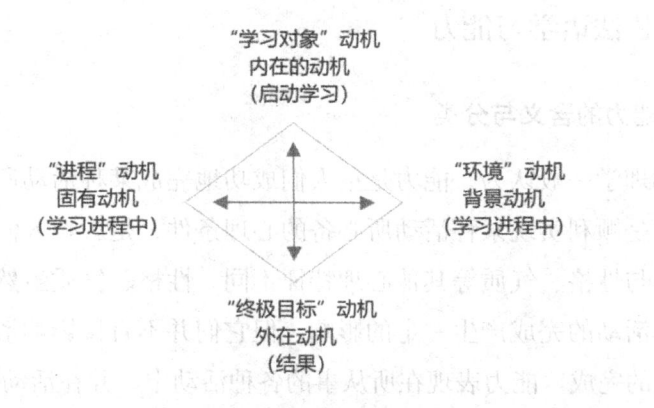

```
            "学习对象"动机
             内在的动机
             (启动学习)
                 ↑
"进程"动机              "环境"动机
 固有动机    ←  ◇  →    背景动机
(学习进程中)            (学习进程中)
                 ↓
            "终极目标"动机
             外在动机
              (结果)
```

图 6-2-1　四大类学习动机的关系

我们可以把一门课比喻为一辆四驾马车，四匹马发挥各自所长：性子最烈的负责起步，耐力最强的负责前行，最坚定的负责掌握方向，最机灵的负责选择路线；如果其中一匹马出现问题，其他三匹马将竭力补救。所以，对教师来说，最大的失误应该就是将教学成功之宝只押在一匹马上，比如，教师相信自己的教学热情，或者相信考试临近时学生会发奋努力，或者寄希望于互联网的魅力能够吸引住学生，等等，而不是从多个角度切入，形成一种合力，并根据学生情况、环境变化、教学目标和教学阶段加以灵活调配。

为此，要从一开始就跟同学们一起对学习动机问题进行分析、讨论和"加工"，并且在学习松懈的状况初现苗头之际，比如学生开始故步自封、精神懈怠、沉默寡言，乃至起哄时，还要再次跟他们研讨动机问题。实际上，态度和动机是形影不离的。还有一个是增强学习者责任心的问题，这对教和学来说也是不可或缺的。如果学习者对自己的学习目的、学习计划、学习方式及制约因素了如指掌，如果他们高兴来上课，他们就一定会心甘情愿地做学习的主人。只要教师愿意给学习者一点自由空间，这之后的自主学习会帮助他们养成一定程度的自律，让他们能够找到适合自己的参照标准。此外，自主学习同时穿插着班组活动、集体活动和个人活动，这有助于学习者在个人动机与集体动机之间找到平衡点，因为个人动机即便在同一个班组往往也是各不相同，而集体动机还需要大家在一起组合、协商和建构。绝不要为了后者而牺牲前者，应该两者兼顾，使个人动机和集体动机相互推动。不管怎样，我们的这些观点和看法应该能够激励教师认真而又积极地关注学习者的学习动机、学习需求和学习结果。

二、L2 法语学习能力

（一）能力的含义与分类

现代心理学一般认为，能力是指人们成功地完成某种活动所必需的一种个性心理特征，是顺利实现某种活动所必备的心理条件，是影响人们活动效果的基本因素。能力与性格、气质等其他心理特征不同。性格、气质虽然也表现在人的活动中，并对活动的完成产生一定的影响，但它们并不直接影响活动的效率，不直接决定活动的完成。能力表现在所从事的各种活动中，并在活动中得到发展。

人的能力是各种各样的，根据不同的标准，能力一般有以下几种分类。

1. 一般能力和特殊能力

一般能力即我们通常所说的智力，是指在不同种类的活动中都能表现出来的能力，如观察力、记忆力、抽象概括能力、想象力、创造力等，其中抽象概括能力是一般能力的核心。特殊能力指在某种专业活动中所表现出来的能力，它是顺利完成某种专业活动的心理条件，如音乐能力、数学能力等。一般能力与特殊能力之间具有十分密切的关系。一般能力是特殊能力的重要组成部分，特殊能力的发展有助于一般能力的发展。

2. 认知能力、操作能力和社交能力

认知能力是指人脑加工、储存和提取信息的能力，也即我们一般所讲的智力，如观察力、记忆力、想象力等。操作能力指人们操作自己的肢体以完成各项活动的能力，如劳动能力、运动能力、艺术表演能力、实验操作能力等。社交能力是人们在社会交往活动中表现出来的能力，如组织管理能力、言语感染力、解调纠纷的能力、场景掌控的能力等。

3. 模仿能力和创造能力

模仿能力是指人们通过观察别人的行为、活动来学习各种知识，然后以相同的方式作出反应的能力。创造能力是指产生新的思想和产品的能力。一个具有创造能力的人往往能够突破具体的知觉情景、思维定势、传统观念和习惯势力的束缚，在习以为常的事物和现象中发现新的联系和关系，从而提出新的思想，产生新的产品。模仿是创造的前提和基础，人们常常是先进行模仿，然后再去创造。可见，模仿能力与创造能力有着密不可分的关系。

（二）学习力的含义与构成

学习力即学习活动的能力，是能力的一种。美国麻省理工学院佛瑞斯特教授最早提出"学习力"的概念，这一概念之后成为"学习型组织理论"的一个重要概念，该理论由他的学生彼得·圣吉（Peter M.Senge）正式提出。随着知识经济时代的到来，到20世纪90年代中期，"学习力"概念和"学习型组织理论"逐渐受到越来越多的教育界人士和企业管理者的重视和应用，相关论述也多了起来。

关于学习力的构成，学术界较为流行的观点认为，学习力是指个体学习的动力、毅力和能力的综合体现。这表明，学习力由"学习动力""学习毅力"和"学习能力"（这里的"能力"概念不同于作为统称的"能力"概念）三个要素构成。学习动力是指自觉的内在驱动力，主要包括学习需要、学习情感和学习兴趣；学习毅力是指自觉地确定学习目标并支配其行为以克服困难、实现预定学习目标的状态，它是学习行为的保持因素；学习能力是指由学习动力和学习毅力直接驱动而产生的接受新知识、新信息，并用所接受的知识和信息分析、认识和解决问题的能力，主要包括感知力、记忆力、思维力、想象力等。学习力的一般构成模式如图 6-2-2 所示。

图 6-2-2　学习力的一般构成模式

当然，不同学者对学习力的构成有不同看法。有学者主张在上述学习力的一般构成中再增加一些要素，如"学习创新力""学习效率""学习转化力"等。还有学者提出了"学习素质"的概念，认为学习素质由学习认识系统、学习驱动系统、学习智能系统、学习操作系统和学习管理系统等构成。其中，学习认知系统是学习者对学习基本问题的思想认识系统，如学习的价值、功能、规律等；学习驱动系统是学习者对学习产生内驱动力的系统，如兴趣、好奇心、求知欲等；学习智能系统是学习者对学习内隐的心智工作系统，包括注意观察能力、记忆想象能力、分析综合能力、比较概括能力、判断推理能力等；学习操作系统是学习者对学习外显的行为工作系统，包括学习策略、学习方法、学习技能、学习习惯等；学习管理系统是学习者为提高效率而对学习的心理和行为进行调控与保障的系统，包括时间管理、环境管理、努力管理、其他人的支持等。

（三）本书学习力的构成观点

学习力的构成与其他能力的构成相比并不特殊。根据"能力的一般性构成理论"，学习力是由有关学习的知识能、行为能、心理能和生理能四个要素构成的体系，这就是"学习力的一般构成"。此外，能力的构成还具有宏观性，学习力同样如此，其构成要素实际上是无穷尽的。所以，在讨论学习力的构成时，必须以构成学习力的所有要素以及对学习过程和效果的影响程度为标准进行适当取舍。在总结上述学习力构成模式的基础上，结合以上认识，本书认为：学习力是个体学习的动力、毅力、认知力和方法力的综合体现，即学习力是由"学习动力""学习毅力""认知能力"和"学习方法力"这四个主要因素共同构成的统一整体，如图6-2-3所示。

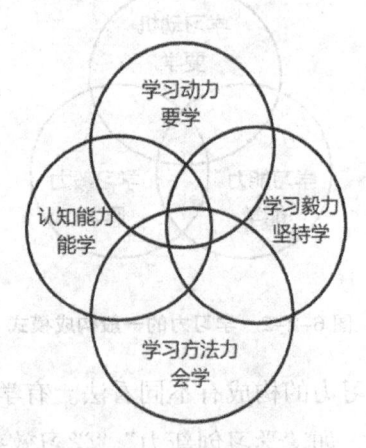

图 6-2-3 本书的学习力构成

学习动力即学习的驱动力。学习者的学习目的、思想观念、兴趣爱好、求知欲、好奇心等都可以产生学习的动力，它们共同构成学习的动力源。学习动力所解决的是"要不要学"的问题。在学习能力的一般性构成中，学习动力属于基础成分中的心理能。

学习毅力又叫"学习意志力"，它反映了学习者的意志，决定学习者能否持之以恒地学习。学习毅力有多强，学习就会有多持久。毅力是高尚的一种人格品质，它受到诸多因素的影响，如兴趣、动机、习惯、自我观念、自信心、自制力等。学习毅力所解决的是"能不能坚持学"的问题。在学习能力的一般性构成中，学习毅力同样属于基础成分中的心理能力。

认知能力简称为"认知力"，是指人脑接收、加工、储存、提取和应用信息的能力，主要包括感知力、记忆力、思维力、理解力、判断力、想象力、观察力、创造力等。认知能力是学习力的核心要素，是决定学习过程能否展开的前提条件。认知能力解决我们"能不能学"的问题，这里的"能"并不是一种综合的能力状态，而是一种"能量"或"功能"。值得注意的是，在学习力的宏观性构成体系中，认知能力并不属于本层能力，而属于下层能力，是学习力得以建立的基础能力，其本身是一种相对独立的能力或能力的体系。个体既可以运用认知能力进行学习活动，也可以运用认知能力进行非学习的实践活动。

学习方法力即学习者在学习活动中所表现出的方法与策略的能力，它解决我们"会不会学"的问题。学习方法力对学习过程的意义非常重大。人们在谈到学习力时，往往更多关注的是其中的方法力。因此，在四个学习力要素中，学习方法力可视为学习力的关键要素。在学习能力的一般性构成中，学习方法力属于核心成分中的策略能。因为策略能的建立是以知识能和狭义技能的建立为前提和基础的，所以学习方法力实际上也涵盖了有关学习的知识和相应技能。

总之，学习力主要由学习动力、学习毅力、认知能力和学习方法力四个要素共同构成。这些构成要素并不是孤立存在的，而是相互叠加、互相促进的，共同构成学习力这一有机联系的整体。若缺失了其中任何一个要素，学习力就不会完整，学习活动就不能展开。因此，要培养学习力，就需要在这四个方面下足功夫。只有这样，才能获得真正强大、持久的学习力。

（四）提升学习力的意义

学习力的概念最先被应用于学习型组织理论中。学习型组织理论告诉我们，企业的市场竞争首先是产品的竞争，产品的竞争就是技术的竞争，技术的竞争就是人才的竞争，而人才的竞争最终是人的学习力的竞争。企业组织要想在未来的竞争中立于不败之地，就必须提升员工的学习力，建立学习型组织，从根本上提高竞争力。学习的本质是自我改造，学习的最终目的是提高自身的生存力和竞争力以适应环境，而提升自身的学习力，则是学习者提高学习效率以求更快更好地适应环境的必然选择。学习力也是人的其他各种竞争优势得以成长的源泉和动力。总的来说，学习力是人的核心竞争力，是人的最本质的竞争力。对于处在竞争氛围的社会个体来说，在对知识和技能的学习过程中注意加强对学习力本身的学习，无疑具有极大的意义。在当今这样一个信息时代，我们周围的世界每时每刻都在发生着新的变化，各种新知识、新信息不断涌现。复旦大学原校长杨福家教授曾指出，今天的大学生从大学毕业刚走出校门的那一天起，他四年来所学的知识已经有50%老化掉了。可见，学习者要想在竞争中占得先机，学会如何学习比学得更多知识具有更持久的优势。谁对变化的反应更快速，谁就能掌握先机；谁具有更强的学习力，谁就能掌握竞争的主动权。美国未来学家阿尔文·托夫勒（Alvin Toffler）在《第三次浪潮》说过："未来的文盲不再是不识字的人，而是没有学会学习的人。"①

第三节 L2法语学习过程与策略

学习过程是影响外语学习的一个因素。这里主要针对原有知识、中介语、外语学习过程和母语学习过程的对比进行分析，并对其中的学习策略进行单独讲解。

一、L2法语学习过程

（一）原有知识

原有知识包括三种：母语知识；与语言有关的一般知识；世界知识。原有知识对外语知识的影响程度取决于学习者对这种知识的意识程度。一般来说，年龄较小的学习者受原有知识的影响程度较低，年龄较大的学习者受原有知识的影响

---

① 赵铉，任瑞珍，王孝乾. 心理与健康[M]. 成都：电子科技大学出版社，2016.

程度较高，主要是因为年龄较小的人还未形成明确的语言意识，其母语交际能力不强，掌握的交际能力有限，受母语知识的影响较小，学习外语时会更加容易一些，而年龄稍微大一点的人已经有了明确的语言意识，在学习外语的过程中，受母语知识的影响较大，因此，学起来会显得吃力一些。行为主义语言学理论在20世纪50—60年代占据主导地位，部分研究人员在研究过程中发现，母语知识的负迁移对人们学习外语可产生极其深刻的影响，将母语与外语进行对比便能轻易发现构成外语学习困难的主要因素。后来人们发现这一理论有误，部分错误分析研究发现，在母语知识的影响下，外语学习中会出现25%的错误，造成其他错误的主要原因是过多地使用一般认知手段。部分研究者在对不同语言背景的学习者外语习得的顺序进行研究后发现，不同母语背景下，学习者习得外语的顺序相同，不过，很多学者都怀疑这一结论的准确性，毕竟这一研究还存在诸多缺陷。语言是人们认识世界的工具，人们认知世界的方法，受到所用语言的词汇结构体系与语义结构体系的影响，语言还能体现一个民族的历史、文化发展的轨迹与该文化传统的价值取向。外语学习者如果已经掌握了母语的基本词汇和基本语法结构，那么他在学习外语的过程中一定会受母语词汇和语义的影响。此外，世界上有很多民族，不同民族所用的交流方式和话语结构不同，母语知识必然会以不同的方式影响新的交际方式和话语结构的习得。有关研究发现，母语为汉语的学生在学习外语的过程中，有51%的错误来自母语知识的干扰，而母语为西班牙语的学生，在外语学习中只有3%的错误来自母语知识的干扰。由此可见，在外语习得过程中，不同国家的语言所产生的影响有所不同。因此现在外语教师们认真研究的课题是怎样利用学生的母语知识，促进正迁移，减少负迁移。

（二）中介语

中介语是近年来外语学习理论中出现的一个新概念。外语知识需要不断积累、不断完善，使整个过程形成一个连续体，这个连续体上的每一个系统都独具特色。研究中介语，可以了解学习者所处的学习阶段，了解学习者使用的是哪种学习策略。这对认识外语学习过程的特点、设计教学目标和教学方法具有重要的意义。

人们学习知识时，都想要从中发现新规律、新秩序。寻求秩序是人类的天性使然，人脑中一旦置入新的知识后，原有的知识就会发生重组，无论是学习外语还是学习其他知识都需要从中寻求规律、发现规律，并对原有知识系统进行重新组合。这种组合对学习者外语知识体系的发展与完善起着重要影响。知识在重组过程中，一部分知识发展为一种技巧，另一部分知识成为一种常规知识，在实践过程中，技巧和常规知识又可转化为一种能力。

（三）外语学习与母语学习的对比

我们经常提到的一个问题便是母语学习和外语学习的差异在哪里，特别是为什么母语学习似乎很容易，如此自发和自然，而且总能学会，因为除了个别例外，几乎所有孩子，不论他们的学习能力、学习动因和学习条件如何，在正式上学前都已经基本掌握了自己的母语，他们上学主要是为了学习书写；但是，外语学习却要学生和教师花费那么多功夫，结果反而常常令人失望。有人认为，这两种学习过程原则上大同小异，唯一的区别在于它们的方式方法，因此应该尽可能地将这两种学习结合起来，比如，通过开设多语种早期教学班，以充分利用这两种学习的共同基础及相同点。与此相反，其他人则强调，正如母语和外语之间存在着差异，母语学习和外语学习之间也有所区别，并认为外语学习不可避免地会受母语的制约，因此要特别注意避免母语的干扰，否则将会妨碍外语学习。

关于人脑机能和机能定位会区别对待母语和外语的假设，这并非取决于母语或外语的特性，与学习者的年龄也无直接关系，而是不同的语言学习方式所致：一种是通过交际习得语言能力（以后有可能再通过学习系统化）；另一种是通过教学，主要获得的是元语言知识（以后有可能加以应用）。倘若外语学习开始得很早，而且是强化学习，比如生活在双语家庭，或在沉浸式的外语学习环境中，与学习和使用母语一样，学习者将以同样的方式调动相同的大脑区域去学习和使用外语。如果外语学习起步较晚，比如成年之后，或局限于理论学习，学习者动用的大脑部分，将和他在学校里学习其他科目时的情况一样。此外需要注意的是，大脑疾病有可能以不同的方式损害患者的母语能力和外语能力。

在校学习外语的过程不同于在校学习母语的过程。学生入校前已在很大程度上掌握了母语，并将其用作交际工具。而教师把它变成教学的客体，最主要的目的就是将母语的运作规则显性化，使之形成具有一定距离感的元语言知识。学生在校学习外语的情形与之几乎完全相反：与母语相比，外语的元语言距离对于学习者来说显而易见，而且无法避免，所以教师要想方设法把这一教学客体语言变成交际工具语言。为此，教师需要努力通过启动我们上面讲过的程序化进程，使教学活动一经学习者理解，甚至在他们理解之前（结构—行为主义教学法便是如此），就成为学生自动的、近乎下意识的行为。

从大脑活动的角度说，在关于人的言语能力（而语言则总是后天学会的）具有天赋性和普遍性这个问题上，形成了适用于母语学习的选择性学习理论和适用于外语学习的再激活学习理论。待有朝一日，科学家们发现了人类语言共有元素（无论是语言的基本原理，还是其可选参变量）时，我们也许能够再激活主导了母语习得的那些天生的机能和先天的资源，使之为外语学习服务。

二、L2 法语学习策略

外语学习策略十分多样，各有优势，但不是所有的学习策略都能够普遍适合所有学生，在教学中能够明显发现不同学习风格的学生受学习策略的影响是不同的，下面将结合学习风格，对常见的几种学习策略进行分析。

（一）元认知策略

元认知策略涉及语言学习者为促进某一学习活动的顺利完成而采取的计划、监察、评估等行动。具体包括学习目标的制定、时间的安排、策略有效性的评估和调整。

教师可以根据学生的学习风格特点，进行元认知策略培训。视觉型学习风格容易受到分析型和外向型学习风格的影响，所以对于视觉型、分析型和外向型学习者，教师可以先把自己的学习计划写下来，展示给学生看，讨论分析计划的目的以及实施和评估方法，并且举例说明。然后，教师要求学生分析自己的需求和能力，制订阶段性学习计划，其中包括目的、内容、实施步骤、时间安排、评估方法等具体信息，并以书面形式上交。一段时间后，学生需要上交书面的学习计划中期报告和最终评估报告，教师也需要以书面形式给予学生评价和建议，同时，教师和学生还需要定期进行面谈，讨论计划的进展情况。

对于听觉型学习者，也会受到外向型学习风格的影响，因此教师可以减少书面形式的交流，增加口头讨论的机会，例如，通过电话沟通来讨论学习计划。对于触觉型学习者，教师可以结合具体资料来培养他们的元认知策略，例如，老师推荐一份报纸，并要求他们以这份报纸为材料制订学习计划。

场独立型学习风格会受到分析型学习风格的影响，所以，对于场独立型学习者，教师需要更加注重细节，在制订和评估学习计划时，鼓励学生对计划的各个元素进行分析，并举例说明。场依赖型学习风格会受到外向型和整体型学习风格的影响。因此，对于场依赖型学习者，教师应鼓励学生交流学习经验，讨论学习计划，更多关注计划的整体框架。

（二）认知策略

认知策略涉及对输入信息的分析、合成和处理，由学习者对学习材料进行分析、推理、转换、归纳等。具体包括重复、记笔记、推理、演绎、迁移等。

视觉型、分析型、场独立型学习风格对认知策略产生正面影响。因此，教师可以结合这三种学习风格的特点，对学生进行认知策略培训。就视觉型而言，教师在分析学习材料时，尽量把分析过程通过文字或图片展示出来。对于分析型学习者，教师在介绍具体学习策略时，最好从词汇和句子着手。根据场独立型的特点，教师在示范运用学习策略时，可以对比多种学习材料和策略的异同点。

以听力教学为例，教师可以先分析听力材料中的重点词汇和句型，再播放多种相关听力材料，要求学生听写出材料中的重点词汇和句型，并分析它们和主题的关系，从而培养学生的听力策略意识。在口语教学方面，教师可以提供一个主题，要求学生根据不同场景和人物，设计对话，并对比其中词汇、句型和语调等方面的差异，从而帮助学生在不同语境中使用恰当的口语交际策略。

（三）形式操练策略

形式操练策略是指语言学习者针对语言形式的训练，以精读和精听为主要方式来学习单词、语音和语法知识，强调外语学习中的语言准确性。具体包括记忆单词和词组，朗读或背诵课文，分析语法和句型。

外向型、视觉型、分析型和场独立型学习风格对形式操练策略产生正面影响。教师可以结合这四种学习风格的特点，对学生进行形式操练策略培训。以词汇教学为例，教师可以挑选出文章中的关键词汇，要求学生根据词义、词性、发音、搭配等特点进行归类，并设计相关活动。在阅读教学中，教师可以要求学生对文章中的复杂句型进行归类、模仿或改写。语法教学中，教师可以让学生分组讨论某个语法点，并轮流上台进行讲解。

通过以上教学方法，学生在记忆单词和学习语法时，逐渐学会总结语言规律并提高学习效率，他们对语言知识体系的认识也会更加清晰和完整。

（四）依赖母语策略

依赖母语策略是指语言学习者借助母语来学习外语，最典型的就是通过翻译来理解法语和运用法语。

外语成绩和依赖母语策略呈显著负相关。因此，教师应该让学生明白依赖母语的弊端，并帮助学生逐渐摆脱对母语的依赖。在语言输入方面（如听力和阅读），教师可以用图解的形式把语篇大意展示出来，这样一来，学生不必依赖中文，而是借助图画来理解语篇内容。例如，一篇介绍网络购物流程的法语语篇，教师可以通过一系列图片来展示整个流程，以帮助学生理解语篇，从而摆脱对母语的依赖。在语言输出方面（如写作和口语），教师可以通过对比地道法语表达和中式法语表达的区别，来表明依赖母语的弊端。与此同时，教师可以要求学生点评别人的表达方式，并模仿地道的法语例子，从而提高学生的语感，消除对母语的依赖。

（五）输入型功能操练策略

输入型功能操练策略是指语言学习者通过语言获取信息的训练，注重大量的听力和阅读练习，强调外语作为获取信息的工具作用。具体包括听法语广播，看法语电影，读法语报刊小说。

视觉型、听觉型、分析型和场独立型学习风格对输入型功能操练策略产生正面影响。教师可以结合这四种学习风格的特点，对学生进行输入型功能操练策略培训。就听力教学而言，教师可以要求学生课外寻找关于某个主题的听力材料，并且进行归类和对比。例如，教师指定主题为"大学校园生活"，要求学生寻找各种相关听力材料，然后进行分类，如分为专业学习、业余活动、课外兼职、寝室生活等，最后，学生总结每类听力材料的特点（如话题、词汇、句型等）。在阅读教学方面，教师可以布置任务，要求学生通过课外阅读搜寻信息来完成任务，并组织学生讨论对比各自的方法和结论。例如，教师布置的任务为"如何独自到巴黎旅游"，学生上网阅读相关材料，撰写旅行计划，讨论并对比各自计划的优劣。

通过以上教学方法，学生不仅增加了阅读量和听力训练，而且也会逐渐把法语视作获取信息的语言工具。

（六）输出型功能操练策略

输出型功能操练策略是指语言学习者练习所学的语言技巧，注重大量的口语和写作练习，强调外语学习中的语言流利性。具体包括用法语思维、对话和写作。

听觉型和外向型学习风格对输出型功能操练策略产生正面影响。教师可以结合这两种学习风格的特点，对学生进行输出型功能操练策略培训。就口语教学而言，教师可以布置课外口语任务，并要求学生在课上展示完成情况。例如，教师布置的任务为"调查本校留学生的饮食习惯"，要求学生口头采访调查对象，并在课上就调查结果做口头陈述，且和其他同学展开课堂讨论。教师也可以组织学生进行法语配音比赛，从而提高学生的口头模仿能力和法语语感。在写作教学方面，教师可以采取读写结合的方式，帮助学生运用所学的语言点。例如，教师提供一篇阅读材料，并分析其中的重点句型、词汇和结构，然后要求学生根据这些语篇特征，撰写一篇类似主题的文章。教师也可以提供一篇记叙文，但删除其中一些情节，要求学生模仿作者的写作风格来补全语篇。教师还可以要求学生通过邮件与外国人士或机构进行沟通（如和外国学生交笔友，向外国大学咨询留学信息）。

通过以上教学方法，学生不仅增加了口语和写作的训练量，而且也会逐渐把法语视作交流沟通的语言工具。

（七）情感策略

情感策略指的是语言学习者运用自身情绪调控技巧，帮助自己完成学习任务的方法。具体的表现为自我激励、培养耐性和毅力。

外向型学习风格能够对听觉型、视觉型和场依赖型学习风格产生积极的影响，分析型学习风格能够对视觉型和场独立型学习风格产生有益的影响。因此，外向型和分析型学习风格对学习结果的影响最为显著。教师可以根据这两种学习风格，制订情感策略培训方案，以针对性地提高学生的情感认知水平。对于外向型的学生，老师可以鼓励他们成立学习小组，为他们安排一个长期的学习任务，让小组之间竞争，成员之间合作和相互影响。比如在学期初始阶段，教师在全班展开摸底测试，将成绩较差的学生和成绩不错的学生进行组合，分成五个学习小组，每组的平均分相等，教师对他们提出相互协助的要求，在一学期后，比较每组学生在法语四级考试上的平均分。

这种方式可以使学生共同追求同一个长期目标，互相激励、互相影响，从而锻炼学生的毅力，培养其耐心。针对分析型学生，老师可以借助案例分析的方式来强调情感策略在外语学习中的重要性。例如，教师可以探究外语学习成功者与失败者在运用情感策略方面的不同。

第四节　L2 法语教学案例分析

一、法语和法语中的易混淆音素及发音规则学习

（一）教学目标

区分法语和英语中易混淆音素和发音规则，规范英语和法语发音。
掌握利用互联网和移动终端学习法语的技巧，拓宽思维和国际视野。
通过互联网主动探索学习法语知识的能力及增强对文化知识学习的兴趣和好奇心。

（二）教学内容

区分法语学习中学生经常出现的与英语中音素和发音规则易混淆的问题，如【r】【m】【l】，字母组合 ai、ou、词末不发音的辅音，连音和联诵等问题。

（三）教学步骤

1. 课前预习

（1）通过网络视频平台搜索搞笑视频"美国人学习法语"，观看视频并总结视频中美国人学习法语中出现的一些常见的与英语混淆的问题。

（2）通过网络搜索英语和法语发音方面的易混点，并进行总结。

（3）通过班级钉钉群讨论平时课堂中同学们受到英语影响的法语发音问题。

2. 课堂当中

（1）利用制作的 PPT、演讲、模拟对话等形式对线上预习结果进行个人作业展示。

（2）通过"学习通"线上网络平台对展示的同学的作业成果进行补充和评价。

（3）教师对法语中易混淆的重点音素和发音规则进行串讲和总结。

（4）对法语和英语中的易混音素和发音规则进行针对性练习，分组练习和纠正。

3. 课后作业

完成形式：二选一，分小组通过"学习通"平台提交作业。

（1）利用 Mind Master 或其他互联网工具制作法语和英语易混淆发音问题思维导图。

（2）利用万彩动画大师等互联网工具制作法语和英语易混淆发音问题微课视频或者 PPT。

（3）拍摄法语和英语易混淆发音问题情景模拟视频，并对出现的问题进行讲解。

4. 学生评价标准

（1）对预习作业的展示进行评价。对展示作业的同学，可以通过教师和学生在学习通平台的评价进行平时成绩的积累。（35%）

（2）对课中参与补充说明和作品评价的学生，可以在学习通平台积累参与互动的积分。（30%）

（3）对课后提交作业的小组或者个人进行点评并将优秀作品进行展示和推广。（35%）

5. 教学反思

教学设计的目标是通过互联网的线上预习和线下作业，让学生掌握法语和英语中易混淆发音的问题，要通过互联网搜索让学生自己提出问题并且自己解答，通过这一过程掌握法语发音的技巧，避免受到第一外语——英语的影响。同时，在整个过程中锻炼互联网信息搜索能力和互联网工具的使用，锻炼个人展示能力和小组协作能力，并且要利用批判性思维对他人进行评价，注意评价过程中的语言技巧。最后的作业提交是课堂学习的升华，对学生的综合能力提出了挑战。

在教学设计中，需要学生主动地预习和提交作业，对学生的自主学习能力和自控能力是一次锻炼和考验，在教学过程中发现个别同学参与度不高，互动热情不足，需要教师加强督促和监督，以后可以采取教师分组而非自主分组的方式，让一些优秀的学生带动和督促其他学生去完成任务。

二、《基础法语 2A》课程的翻转课堂教学

下面以《基础法语 2A》课程的翻转课堂教学为例，《基础法语 2A》是法语系大一下学期专业必修课，是专业核心课程，为综合训练型课程，是其他专业课程的基础。教学目的是使学生进一步巩固法语基础知识，使其具备听、说、读、写基本技能与较为娴熟的交际能力。增加学生词汇量，扩展学生视野，增进他们对法国社会与文化的认识，不断提高他们的法语阅读能力与表达能力。

教材选取"新世纪高等学院法语专业本科生系列教材"——《法语综合教程 2》。《法语综合教程 2》由 16 个单元构成，每单元包含 2—3 篇课文，课文题材涉及广泛，如工业、农业、医学、体育、科技、电脑网络、家庭、社会、名人回忆录、记者采访等。课文内容主要包括语法与词汇 2 个部分。词汇部分主要讲解词汇形态变化内在规律与使用习惯。《基础法语 2A》的课程重点是各个专题的词汇及表达方式，课程难点是词汇学习窍门以及如何进行流利的书面表达。

（一）《基础法语 2A》翻转课堂流程

《基础法语 2A》总学时为 96 个学时，每周 6 学时，总共 16 个教学周。按照大纲要求，设定每周前 2 个学时为学生"翻转课堂"时间，课堂流程如图 6-4-1 所示。

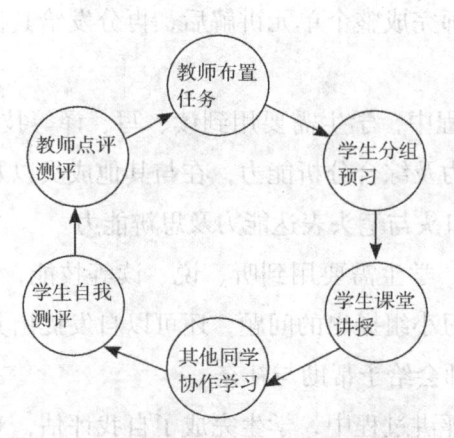

图 6-4-1 《基础法语 2A》翻转课堂流程

具体措施如下。

（1）确立产出目标。教师每次提前一周根据单元主题与教学目标，给学生

小组划出重点词汇与短语，分配游戏或视频环节任务。

（2）细分学习任务。教师指定参考工具书，小组成员分工完成词汇预习、自测卷出卷与批改工作。词汇讲解用PPT完成，具体内容包括：

> 义项（中文对等词）+近义词/反义词+
> 例证+派生词+汉译法句子翻译

小组成员要结合词汇在课文中的具体意义举例说明（至少2个例子），根据法语专四题型要求，每个义项给出贴切的近义词与反义词，进行适当辨析，开结出派生词，之后请同学随堂翻译（翻译答案由老师先修改好）。也可以自行录制或在网上寻找与该课内容相关的主题视频（不超过3min），或是游戏互动。预习小组还需根据自己的预习内容及老师课堂上的讲解准备一份测试卷。测试卷题型不少于3种（填空、翻译、选择等均可），总题量不得少于20个小题，分数用百分制。

（1）组织支撑材料。老师审阅学生的PPT，简化每个词汇的释义与举例，并补充相关文化常识，修改翻译题答案。根据每一课词汇重点与语法重点核实自测卷卷面，确保总题量与题型的多样化。

（2）生成执行教案。小组按教师意见修改PPT上传到班群，供同学们提前预习。自测卷是在老师完成整个单元讲解后，再分发给其他同学开卷做，最后由小组成员批改统分。

在完成预习的过程中，学生需要用到读、写、译等技能，锻炼了语言能力，训练了工具书查阅能力及综合分析能力，在与其他成员以及老师沟通的过程中培养了人际交流能力、口头与笔头表达能力及思辨能力。

课堂讲解过程中，学生需要用到听、说、读等技能，锻炼了口语表达能力。其他同学除了回答预习小组提出的问题，还可以自发提出其他问题，如果预习小组同学无法回答，老师会给予帮助与补充。

在自测卷修改与评讲过程中，学生完成了自我评估，对常见偏误类型进行梳理总结，并给出错误率以警示大家。

（二）《法语综合教程2》第6课教学分析

以《法语综合教程2》第6课为例。这一课第三篇课文主题为"le Français

dans le monde（世界范围内的法语）"。老师可以提前给出重点词汇与表达法，预习清单如图 6-4-2 所示。

```
1. traduire-traduction-traducteur,     6. changer VS échanger
   trice                                7. original VS originel VS originaire
2. établir-s'établir                    8. ancien, ne VS vieux, vieil, vieille
3. rouge-rougir                         9. en fait VS en effet VS au fait
4. conseiller = suggérer               10. à cause de VS grâce à VS en raison
5. rendre ≠ emprunter, prêter              de
```

图 6-4-2 预习清单

其中，词汇 PPT 的演示特别强调法语专四考试高频词用法，给出了大量例句及用法解析，结合部分专四真题进行深入讲解。注重派生词、近义词、反义词等词汇关系，构成了一个庞大的语义关系网，并对近义词与短语进行了辨析。正如桑代克所说，学校教育就是让学生形成大量的刺激—反应联结（如乘法表与高频词汇等），反复练习这些联结，并且奖励这些联结。

为了丰富课堂内容，还可以选择《你好！法语1》第一单元第四课"Le correspondant（笔友）"的听力材料作为辅助资料。目的在于让学生了解全世界法语国家与地区的多样性，接触不同国家地区说法语者的口音，了解相关地理文化常识。教师可以让学生观看法语歌曲大赛、摄影展，参加法国小说新书访谈、法国/比利时法语诗歌翻译等活动，全方位立体化了解"la françophonie"一词的词源、词义（历史意义及社会意义）及用法，完成该文化词的"内隐学习"过程。

最后在课堂上的视频环节，老师可以让同学采访说法语的外国人，主题为"Sa vie en Chine"，学生锻炼了口语与听力，对"la françophonie（说法语的国家和地区）"一词的文化含义有了更深入了解。事后，老师可以选取个别优秀的采访文章发表在法语专业的微信公众号上，学生在自己的实践活动得到充分认可后，内在的学习动机得到进一步激发。

综上所述，这一课的主题"le Français dans le monde（世界范围内的法语）"在语言学层面及社会语言学层面 2 个维度得到充分展开。语言学层面包括词汇、语音（口音＋语调）、听力理解及阅读理解。社会语言学层面包括文化常识、地理常识及交际策略等。对于大一下的学生来说，是一次非常完整且工作量很大的学习实践活动。学生在这堂课内外活动中充分发挥了学习的"主动建构性"及"社会互动性",而老师全程起到了督导及促进作用。

(三)《法语综合教程 2》第 10 课自测卷分析

接下来以《法语综合教程 2》第 10 课的自测卷为例,说明学生在"自主学习"过程中达到了极为突出的"自我纠错"效果。负责出卷的同学在批改其他同学卷子过程中,针对汉译法翻译题及填空题中出现的语法错误及词汇错误进行分类,独立完成偏误类型的整理与归因。他们在试卷分析报告中给出了下列错误实例,并在课堂上分发试卷时口头解答了其他同学不明白的错误原因,老师在现场进行了补充说明。

(1)副词位置

误:Il suffit de suivre bienles conseils du professeur pour faire des progrès.

(2)冠词省略

误:beaucoup de l'argent / beaucoup d'argents.

(3)代动词性数配合

误:Les étudiants se sont réunisur le terrain de sport.

(4)英语"假朋友"

误:par example.

(5)介词错误

误:dans réunion de classe.

(6)关系代词 qui VS que

误:Ce quenous inquiète, c'est ton avenir.

错误类型整理过程中,负责批改的同学还给出了错误率。虽然错误率不算太高,但在开卷考试中算是比较严重的错误。

(四)教学反思

在网上教学质量评分中,大部分学生都对这种方式给予了肯定。但在与学生面对面的座谈中,发现了以下比较突出的问题:

(1)词汇预习阶段学生准备不足。个别学生没有提前完成 PPT 单词的下载预习工作,所以在课堂上出现信息量过大而难以消化的情况,甚至无法参与到互动环节。

(2)课堂互动环节模式过于单调。无论是老师与学生,还是主讲学生与其他学生之间的互动都过于单一,大家都希望能加入游戏互动环节,增加词汇学习的趣味性。

(3)自测卷评判标准不统一。因为学生学习能力的个体差异性,对于其他同学的错误不是那么警惕,甚至出现错判的地方,而且频率比较高。这种时候就需要老师来把关,对个别翻译答案的多样性给出解释,起到正面引导的作用。

参考文献

[1] 李岩.商务法语教学理论实践与方法[M].北京：外语教学与研究出版社，2017.

[2] 葛莉.基于人文通识教育的法语教学模式研究[M].长春：吉林大学出版社，2018.

[3] 郭蕾.法语教学理论研究与方法实践[M].北京：现代出版社，2020.

[4] 王文新.法语形态学与词汇教学[M].上海：上海社会科学院出版社，2015.

[5] 王惠德，曹德明.中国法语专业教学研究基础阶段[M].上海：上海外语教育出版社，2005.

[6] 陈婧.法语教学理论研究与方法实践[M].长春：吉林大学出版社，2020.

[7] 王玮莉.法语教学理论与跨文化交际研究[M].北京：中国华侨出版社，2020.

[8] 王姗姗.基于多元文化的法语教学研究[M].北京：九州出版社，2019.

[9] 王爽.多元文化视阈下法语教学实践探索[M].哈尔滨：黑龙江教育出版社，2020.

[10] 王明利.法语教学理论与实践[M].北京：外语教学与研究出版社，2009.

[11] 张萱予，宋骏晖.线上线下合作学习模式在法语基础课教学中的应用探究[J].广西教育，2023（15）：90-94.

[12] 曾丽红.新时代应用型高校二外法语教学改革的建议[J].学园，2021，14（16）：23-25.

[13] 宋瑞瑞，陈珑.高校法语网络教学现存缺陷及对策研究[J].文化创新比较研究，2021，5（14）：110-113.

[14] 王玉.师范类院校二外法语教学问题及应对策略研究[J].陕西教育（高教），2022（09）：25-27.

[15] 王荣.跨文化交际视野下的法语教学策略探析[J].创新创业理论研究与实践，2022，5（13）：147-149.

[16] 张乔玲俊. 语法翻译法和交际法在基础法语教学中的综合应用研究 [J]. 教师，2022（13）：42-44.

[17] 刘洪东. 新时代中国大学法语教学的改革与创新 [J]. 山东外语教学，2022，43（01）：56-63.

[18] 张维娜. 浅谈任务型行动教学法在法语教学中的运用 [J]. 中国多媒体与网络教学学报（中旬刊），2022（01）：128-131.

[19] 朱稚. 课程级混合教学模式刍议：以二外法语教学为例 [J]. 教育教学论坛，2021（48）：129-132.

[20] 张沈鋆. 口语交际教学法在中学法语教学中的应用 [J]. 中学课程资源，2021，17（10）：9-12，24.

[21] 高畅.《高等学校法语专业基础阶段教学大纲》与中国法语教学现状的适用性研究 [D]. 厦门：厦门大学，2019.

[22] 王思思. 浅谈任务型教学法在中国法语口语教学中的应用 [D]. 重庆：四川外国语大学，2015.

[23] 徐艳. 中国法语教学法演变史（1850-2010）[D]. 北京：北京外国语大学，2014.

[24] 孙越冰. 浅谈折衷主义下的中国法语口语教学 [D]. 上海：上海外国语大学，2013.

[25] 孙丹. 法语歌曲在法语教学中的运用 [D]. 上海：上海外国语大学，2013.

[26] 朱震芸. 交际行动教学法的应用及其在中国高校法语教学中的适用性 [D]. 上海：上海外国语大学，2012.

[27] 赵惠琴. 互联网对中国高校法语教学的影响 [D]. 北京：外交学院，2012.

[28] 张明利. 高校法语专业教学的问题及对策研究 [D]. 重庆：西南大学，2013.

[29] 赵超君. 法语语法课堂教学思考 [D]. 上海：上海外国语大学，2010.

[30] 唐英. 中国法语教学及其改革建议 [D]. 长沙：中南大学，2008.